# İLGİNÇ BİLİMSEL GERÇEKLER

Teleskop
Popüler Bilim

**Kitabın Adı**
İlginç Bilimsel Gerçekler

**Yazan**
Muhammet Cüneyt Özcan

**Yayına Hazırlayan**
Mehmet Üstün

**Tashih**
Abdülhakim Arvas

**Kapak / İç düzen**
Ahmet Şerin

**Baskı ve Cilt**
Korza Basım
Sertifika No: 40961
Çubuk - Ankara

ISBN 978-605-252-206-6

ANKARA, 2024

Parıltı Yayıncılık Sertifika No: 43894
Ferhatpaşa Mh. 23. Sk. No: 57/59
Ataşehir / İstanbul
Tel: 0216 387 00 59
Faks: 0216 387 00 39
info@teleskoppulerbilim.com
www.teleskoppopulerbilim.com

# İLGİNÇ BİLİMSEL GERÇEKLER

# İçindekiler

# Arılar peteklerini neden altıgen yapar?

Altıgen hücrelerden oluşan bir petek, en az bal mumu ile en çok depolama alanı sağlayan şekildir. Arıların bir şaşırtıcı olan özelliği ise petekleri örerken kurdukları iş birliğidir. İnsan tamamlanmış bir petek gördüğünde, bunun sanki tek bir blok hâlinde örüldüğü izlenimine kapılır. Oysaki arılar petekleri ayrı ayrı noktalardan başlayarak örerler. Yüzlerce arı üç dört yerden başlayarak petek inşa etmeye koyulur. Petekleri öre öre ortada birleşirler. Birleşme yerlerinde en ufak bir uyumsuzluk ve hata olmaz. Arılar petek örerken petek gözlerinin birbirlerine olan açılarını da hesaplarlar. Sırt sırta duran petek gözleri mutlaka yere doğru 13 derece açıyla inşa edilir, bu eğim balın peteklerden akıp yere dökülmesini engellemektedir. Bu işlemi kovanlarında zifiri karanlık ortamlarda gerçekleştirirler. Petek yapımını ya da yön tayinini görerek öğrenmezler, dünyaya gözlerini açtıkları anda zaten bu işleri yapacak donanıma sahiptirler.

## Dünya hızla dönüyor ama biz niye hissetmiyoruz?

Hissetmesek de Dünya sandığımızdan çok daha büyük bir hızla döner. Dünya, kendi ekseni etrafında dönerken Ekvator bölgesinde dönüş hızı çok yüksektir. Kutuplara doğru, dönüş hızı azalır. Ekvator'un çevresi 40 bin kilometre olduğu ve Dünya 24 saatte bir tur attığı için bir saatte katettiği yol 40.000 km/24 saat = 1.667 km/saat olarak bulunur. Sesin, oda sıcaklığında havadaki hızı yaklaşık olarak saatte 1.235 kilometredir. Dünya'nın jet yolcu uçaklarından daha hızlı olarak kendi ekseni etrafında sesin 1,36 katı hızla dönüyor olması ve bunun hissedilmeyişi çoğu kimseyi şaşırtır. Jet yolcu uçakları uzun mesafelerde saatte 9001.000 kilometre hızla uçar.

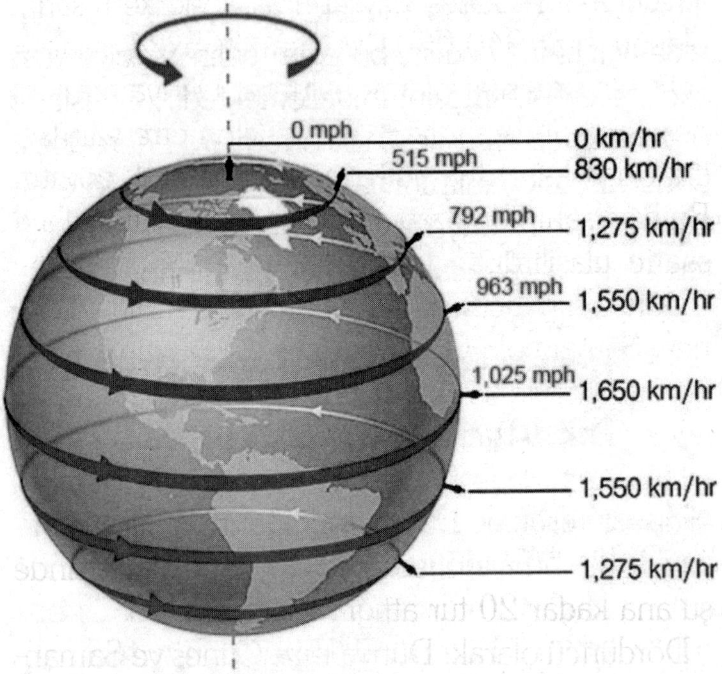


Samanyolu Galaksisi içinde Güneş'in bulunduğu nokta Dünya'nın galaksideki diğer hareketleri ve hızı Dünya'nın Güneş çevresindeki dönüş hızı, kendi ekseni etrafındaki dönme hızından daha yüksektir. Dünya ile Güneş arasındaki mesafe ortalama olarak 150 milyon kilometredir. Dünya'nın yörüngesi elips şeklinde olduğu için Güneş ile aramızdaki uzaklık, yılın farklı dönemlerinde daha kısa veya daha uzun olur.

Dünya'nın Güneş etrafında 365 günde katettiği mesafe 940 milyon kilometre civarındadır.

Dünya'nın Güneş çevresinde dönerken sahip olduğu hız, 940.000.000 km/365x24 saat = 107 bin km/saat olarak bulunur. Dünya'nın Güneş çevresinde saatte 107 bin kilometre yani sesin 86,6 katı hızla yol aldığına inanmak zordur. Bu hıza sahip bir uzay aracı yapılabilseydi, Ay'a 4 saatte ulaşılırdı.

Dünya'nın üçüncü hareketi daha hızlıdır. Güneş, Samanyolu Galaksi'si içinde Dünya ve diğer gezegenleriyle birlikte özel bir yörüngede hareket eder. Güneş sistemi bu yörüngede saatte 792 bin kilometre hızla ilerler ve galaksi içinde 225 milyon yılda bir tur atar. Bu süreye "Galaktik Yıl" denir. Güneş ve Dünya'mızın, Samanyolu Galaksi'sinde şu ana kadar 20 tur attığı hesaplandı.

Dördüncü olarak; Dünya'mız, Güneş ve Samanyolu Galaksisi, tüm diğer galaksiler gibi genişleyen evrenle aynı hızda ilerler. Dünya, evren genişlerken diğer yıldızlarla birlikte saatte 2,1 milyon kilometre hızla yol alır.

Dünya, bu inanılmaz hızlarda hareket ettiği hâlde bunu niçin hissetmiyoruz? Çünkü, Dünya atmosferle birlikte yol alır ve Dünya'nın bu hareketlerinin hızları sabittir. Sabit hızla uçan bir uçakta hızı hissetmeyiz. Astronotlar da uzay aracında saatte 30 bin kilometrelik sabit hızı hissetmezler. Hız artarsa veya azalırsa bu hissedilir ama hız sabit ise hissedilmez. Çok yüksek hızlardaki farklı hareketlere sahip olan Dünyamız, binlerce yıl boyunca hareketsiz sanılmıştı.

## Astronotlar niçin özel kıyafetler giyer?

Astronotlar uzay kıyafetinin içine soğutma ve havalandırma işlevi gören bir tulum giyer. Elastik malzemeden üretilen bu tulum ince borulardan oluşan bir ağ gibidir. Bu boruların içinden geçen su astronotların uzay görevi sırasında vücut sıcaklığının dengelenmesine yardımcı olur.

Kıyafetin en dış koruyucu katmanının altındaki yedi katman astronotları sıcaklık değişimlerine karşı korur. Çünkü astronotlar uzay yürüyüşleri sırasında -150°C ile 120°C arasında değişen sıcaklıklara maruz kalabilirler. Bu katman ayrıca astronotları yüksek hızda hareket eden küçük parçacıkların zararlı etkilerinden de korur.

Uzayda hava olmadığından insan vücudunda normal atmosfer koşullarında sıvı hâlde bulunan bazı maddelerin, vakum koşullarında gaz hâline dönüşmesini engellemek için dış basıncın uygun değerde tutulması gerekir. Uzay kıyafetlerinde bu amaçla oksijenle basınçlandırılmış bir katman bulunur. Bu sistemde kullanılan oksijen aynı zamanda astronotların nefes almasını sağlar. Uzay kıyafetlerinde kullanılan kasklar hem koruma görevini tam olarak yerine getirmeli hem de astronotlar için yeterli görüş imkânı sağlamalıdır. Bu amaçla kaskın vizörü astronotları Güneş'ten gelen ışınların ve yüksek hızda hareket eden parçacıkların zararlı etkilerinden korumak için polikarbonattan üretilir ve altın parçacıklarından oluşan ince bir tabakayla kaplıdır.

## Uçaklar neden arkalarında beyaz bir iz bırakır?

Yakıt tüketimi otomobillerde olduğu gibi uçaklarda da egzoz gazına yol açar. Bu atık gazların içinde su buharı da bulunur. Nasıl ki soğuk havalarda nefesimizdeki su buharı yoğunlaşıp, nefesimizi havada görünür kılıyorsa uçakların egzozlarından salınan su buharı da bu beyaz çizgilere neden olur. Çünkü bir uçak yaklaşık 7.500 metre yüksekte uçar ve bu irtifada sıcaklık yaklaşık 30°C'dur. Egzoz dumanı uçağın arkasından atıldığında su buharı soğuk havayla buluşup yoğunlaşır. Su buharının miktarına, ısıya ve egzoz gazının kimyasal bileşimine bağlı olarak oluşan beyaz çizginin görünürlüğü ve boyutu değişebilir.

## Güvercinler yönlerini nasıl buluyor?

Güvercinlerin evlerini nasıl bulabildiklerinin cevabı manyetik alanları algılama yetenekleridir. Üstelik güvercinleri her seferinde şaşmaz bir doğrulukla yuvalarına ulaştıran manyetik algılama sistemi gagasında saklıdır. Güvercinlerin üst gagasını kaplayan derinin duyu sinir hücresine giden

ince liflerinde (dendritlerinde) demir içeren maghemit ve manyetit parçacıkları vardır. Dendritler üç boyutlu ve oldukça kompleks bir yapıya sahiptirler. Dünyanın dış manyetik alanına çok duyarlı olan, özel yaratılmış bu alıcılar, manyetik alanda meydana gelen değişikliği üç bileşeni ile ayrı ayrı analiz ederek elde ettiği verilere göre yönlendirme yapar. Bu biçimde dünyanın manyetik alanıyla etkileşim sağlayan manyetitli hücreler algıladığı verileri sinirlere iletir, sinirler ise bunları elektrik sinyallerine çevirerek beyne yorumlaması için gönderir. İşte, güvercinin yapısındaki tüm sistemlerin birbiri ile mükemmel bir uyum içinde çalışması sayesinde kuş binlerce kilometre uzaklıktaki evinin konumunu şaşmaz bir hesapla tayin edebilir.

# Yaş tayini nasıl yapılır?

Atmosferdeki karbondioksit; tüm bitki ve ağaçlar tarafından atmosferden alınıp selüloz, nişasta veya şeker gibi organik maddelere dönüştürülür. Bu bitkilerin ve onlarla beslenen canlıların vücuduna da karbon-12 ve karbon-14 karışımı girmiş olur. Böylece; dünyadaki tüm canlıların bünyesindeki karbon-14'ün karbon-12'ye oranı, yaşadıkları süre boyunca atmosferdeki ile aynı kalır. Atmosferdeki karbon-14'ün karbon 12'ye oranı ise binlerce yıldır sabittir. Çünkü karbon-14 zamanla bozunarak azalırken atmosfere giren güneş ışınları da aynı hızda karbon-14 üretir. Canlılar ölünce, karbon-14'ün bünyelerine girişi durur.

Ölümden itibaren insan veya hayvan kalıntısı ile ahşap veya tekstil gibi organik maddelerdeki karbon-14 azalırken karbon-12 miktarı sabit kalır. Bir arkeolojik objede, karbon-14 oranı ne kadar az ise obje o oranda yaşlıdır.

Karbon-14 yaş tayiniyle, en fazla 50 bin yıllık organik temelli objelerin yaşı belirlenebilir. Yaşı belirlenecek olan kalıntılardan alınan örneklerdeki karbon-14 oranı üç farklı teknikle ölçülebilir. Gaz orantılı ölçüm için örnek önce karbondiokside çevrilir ve ardından saçtığı beta tanecikleri sayılarak karbon-14 miktarı bulunur. İkinci yöntem olan sıvı sintilasyon sayımı için örnekteki karbon atomlarıyla benzen adlı sıvı madde sentezlenir. Çözeltiye sintilatör eklenir ve sıvı sintilasyon sayacı ile sayım yapılarak karbon-14 miktarı bulunur.

Üçüncü teknikte, Hızlandırılmış Kütle Spektroskopi cihazıyla karbon-14 miktarı ölçülür. Bu teknik, diğerlerinden daha yenidir ve en gelişmiş sistemdir. Yaşı tayin edilecek olan örnekteki karbon-14 miktarı bulunduktan sonra, günümüzdeki standart karbon-14'ün miktarı ve karbon-14'ün yarı ömrü de bilindiği için örneğin yaşı hesaplanır.

## Güneşe bakmak insanı kör eder mi?

Öğlen saatinde çıplak gözle güneşe bakmak gözünüz için yapabileceğiniz en tehlikeli şeylerden biridir. Güneşe doğrudan çıplak gözle uzun bir süre bakılması durumunda retina güneşin ultraviyole ışınlarına maruz kalır ve güneş retinopatisi (retina tabakasında oluşan bozukluk) ortaya çıkar. En kötü durumda çok nadir olmakla birlikte kalıcı körlük ortaya çıkabilir. Ancak kör olacak kadar güneşe bakmak o kadar acı vericidir ki bir insanın bunu yapabilmesi pek mümkün değildir. Güneşe bakarak göze verilen en yaygın hasarlar; görüşte siyah ve sarı lekelerin belirmesi, bulanık görme ve gözün merkezinde (fovea) görme kaybıdır.

## Ellerimiz ve ayaklarımız neden karıncalanır?

Karıncalanma dediğimiz bu olay uzun süre alışılmadık pozisyonda durduğumuzda ortaya çıkar. Atardamarlar sinirleri oksijen ve glikozla besler. Uzuvlarımızdaki sinirlerin üzerine basınç uygulandığında atardamarlar sıkışır ve yeterli miktarda kanı sinirlere ulaştıramaz. "Uykuya düşme" olarak adlandırılan bu durum uzuvlarımızı hissizleştirir. Uzvun üzerindeki baskı kaldırıldığında kan dolaşımı normale dönmeye ve uzuv yeniden tepki vermeye başlar. Bu süreçte elimizin ya da ayağımızın üzerinde sanki bir sürü karınca dolaşıyormuş gibi hissederiz. Beyin ve omurilik haricindeki sinirlerde gerçekleşen bu olay elimizi ya da ayağımızı normal pozisyonda tutarak kan dolaşımı dengelenene ve damarlar eski hâline gelene kadar devam eder. Çoğunlukla el ve ayaklarda gerçekleşen bu olay bazen kollarda da ortaya çıkar.

## Yarasalar yolunu nasıl bulur?

Dünyada yaklaşık 1.200 türle temsil edilen yarasalar tüm zamanların en gizemli yaratığıdır. Yarasalar yönlerini bulmak ve beslenmek için çok yüksek titreşimli ses dalgaları yayarlar. Bu ses dalgalarının frekansları 20 binin üzerinde, yani ultrasonik oldukları için insanlar bunları duyamaz. Bu ultrasonik sesler yerdeki avdan yansıyarak yarasaya geri gelir. İşitme sistemi ile bu geri gelen sesi algılayan yarasa avının bulunduğu yeri net olarak belirler. Hatta devamlı gönderdiği ses dalgaları sayesinde onun hareketini de izleyebilir.

Yarasaların bazılarının bir çeşit sonar olan bu sistemi o kadar gelişmiştir ki, dişilerini arayan erkek kurbağaların seslerinden büyüklüklerini ve iyi bir av olup olmadıklarını anında belirlerler.

## Tellere konan kuşları niçin elektrik çarpmaz?

Elektriğin bir canlıya zarar vermesi için, elektrik akımının bu canlının üzerinden akması gerekir. Bunun için akımın bir taraftan girip başka bir yerden vücudu terk etmesi gerekir. Bir telin üzerinde duran kuşun üzerinden akım bu yüzden geçmez. Eğer kuş iki ayrı tele birden dokunabilseydi bir teldeki akım kuşun üzerinden diğer tele akardı ve kuş çarpılmış olurdu. Evlerimizdeki elektrik prizlerinde de en az iki delik olmasının sebebi aynıdır. Aletlerimize bir taraftan elektriğin girmesi, aletin içinde dolaşarak başka bir yoldan terk etmesi gerekir. Bir telin üzerindeki kuşun bir ayağından elektriğin girip diğer ayağından çıkabileceği, böylece çarpılabileceği akla gelebilir. Ama bu olay gerçekleşmez. Çünkü kuşun iki bacağı arasındaki çok düşük dirençli, akımın çok rahat geçebileceği elektrik teli varken; akım, çok daha yüksek dirençli kuşun üzerinden geçmez.

# Radyasyon insanlara nasıl zarar verir?

X ışınları, ultraviyole ışınlar, görülebilen ışınlar, kızıl ötesi ışınlar, mikro dalgalar, radyo dalgaları ve manyetik alanlar, elektromanyetik tayfın parçalarıdır. Elektromanyetik parçaları, frekans ve dalga boyları ile tanımlanır. Alfa, beta, gama, X ışınları ile kozmik ışınlar ve nötronlar çok yüksek frekanslarda olduğundan, elektromanyetik parçacıklar kimyasal bağları kırabilecek enerjiye sahiptir. Bu bağların kırılması sonucu iyonlaşma olur.

İyonlaşabilen elektromanyetik ışınımları, hücrenin genetik materyali olan DNA'yı parçalayabilecek kadar enerji taşımaktadır. DNA'nın zarar görmesi ise hücreleri öldürmektedir. Bunun sonucunda doku zarar görür. DNA'da çok az bir zedelenme, kansere yol açabilecek kalıcı deişikliklere sebep olur.

## En yüksek dağ nerede?

Bilinen en yüksek dağ Dünya'da değil, Mars'tadır. Dev volkan Olympus Dağı (Latincede Olympus Mons) güneş sistemindeki ve bilinen evrendeki en yüksek dağdır. 22 km yüksekliğindeki Olympus Dağı, Everest'ten üç kat daha yüksektir. 624 km genişliğindeki bu dağ Britanya adalarının bulunduğu alanın tamamını kaplayabilir.

## Hücrelerin ömrü ne kadar?

Vücudumuzdaki hücreler aşağı yukarı 7-10 senede bir yenilenmekle beraber, her hücrenin ömrü aynı uzunlukta değildir. Nötrofil hücreleri-

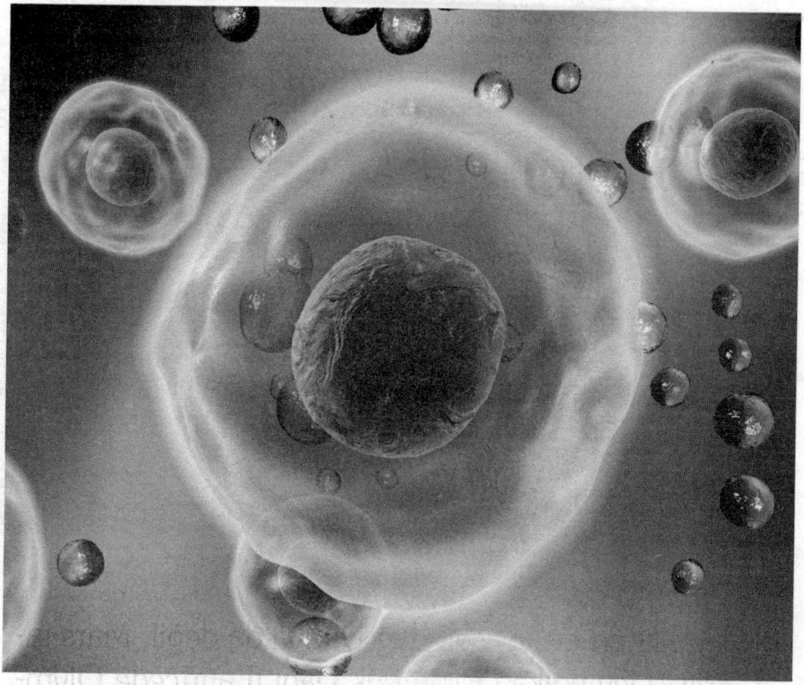

nin ömrü (kandaki bir tür akyuvar) yalnızca 2 gün iken, göz lensinin ortasında bulunan hücreler yaşam boyu bizimledir. Hatta beyin hücrelerinin ömrü bizimkinden çok daha uzundur. İşte bazı hücrelerin ömrü:

Beyin hücresi: 200 + yıl
Göz lensi hücresi: Ömür boyu
Yumurta hücresi: 50 yıl
Kalp kası hücresi: 40 yıl
Bağırsak hücresi: 16 yıl
Kas hücresi: 15 yıl

Yağ hücresi: 8 yıl
Hematopoetik (kan yenileyici) kök hücre: 5 yıl
Karaciğer hücresi: 10-16 ay
Pankreas hücresi: 1 yıl

## Su ne renktir?

Alışıldık cevap, suyun rengi olmadığıdır; su "şeffaf" ya da "saydam"dır ve denizin mavi görünmesinin tek sebebi gökyüzünün denizin üzerine yansımasıdır. Ancak bu doğru değildir. Su aslında son derece soluk bir tonda olsa da mavidir. Bunu doğada, kardaki derin bir deliğe ya da donmuş bir şelalenin kalın buzlarının içine baktığınızda görebilirsiniz. Çok büyük ve çok derin beyaz bir havuzu suyla doldurup içine baktığınızda, su mavi görünecektir.

## Dünya'daki tüm canlıların toplam ağırlığı ne kadar?

Dünya'daki tüm canlıların toplam ağırlığı 550 milyar ton... Bunun yaklaşık 450 milyar tonunu yani yüzde 80'ini bitkiler oluşturuyor. Bakteriler ise yaklaşık 70 milyar ton ile (yüzde 15) ikinci sırada geliyor. Üçüncü sırada mantarlar var; yaklaşık

12 milyar ton ile gezegen üzerindeki bütün hayvanlar aleminden yaklaşık altı kat daha fazlalar. Mantarlardan sonra arkeler (7 milyar ton) ve protistler geliyor (4 milyar ton).

Hayvanlar sadece 2 milyar ton tutuyor ve insanlar, bu miktarın inanılmaz derecede ufak bir kısmını oluşturuyorlar. Hâl böyleyken insanlar, hayvanların bütün tabiatını geri alınamaz bir şekilde değiştiriyorlar.

İnsanların biyolojik kütlesi sadece 0,06 milyar ton (60 milyon ton, yüzde 0,01) civarıyken, sadece 0,007 milyar ton olan vahşi memelilerden neredeyse 10 kat daha fazlayız.

# Kertenkeleler düz duvara nasıl tırmanır?

Bir kertenkele türü olan gekoların en önemli özelliği, parmaklarının altında düz zeminlerde rahatça yürümeye yarayan "sürtünme yastıkları" denilen vantuzlu kısımların bulunmasıdır. İğneli yastıklara benzeyen bu yapılarda, mikroskobik çengelli tüylere sahip incecik oluklar vardır. Bu yüzlerce çengelli yapı sayesinde gekolar en düz zeminler üzerinde rahatça yürüyebilirler. Hatta dikkate değer bir hızla tavan ve duvarlarda koşabilirler. Dümdüz camda zorlanmadan gezinebilirler. Onların ayaklarının hassaslığı karşısında en düz camlar bile pürüzlüdür. Gekolar ayak tabanlarındaki yastıklarını düz yüzeylere yapıştırarak, engebeli yüzeylerde kanca gibi kullanarakyerdeğiştirirler. Hareket ederlerken, parmaklarını tek tek kaldırmak zorunda olduklarından kıvrılarak yol alırlar.

# Nükleer reaktörler insan sağlığı için zararlı mı?

Dünyada sabit olarak 724 adet nükleer reaktör bulunur. Nükleer santraller çevreye büyük zararlar verdiği inancının tersine en büyük zararı veren yakıt kömür ve kömürle çalışan elektrik santralleridir. Kömür kullanımı sonucunda tüm dünyada, yılda 9 milyar ton karbondioksit atmosfere karışır. Bu miktarın büyük bir kısmı da kömür ile çalışan santrallerden gelir. Kömür ile çalışan elektrik santralleri asit yağmurlarına, yoğun duman-sis karışımlarına, akciğer hastalıklarına, cıva zehirlenmelerine ve özellikle sera etkisine neden olur. Sera etkisi sonucu dünyanın iklimi değişir, ısınan hava tabakaları buzulların daha hızlı erimelerine sebep olur.

# Pandalar neden ağır hareket eder?

Ortalama 90 kg ağırlığında bir panda, kendiyle aynı ağırlıktaki insanın günlük harcadığı enerjinin yarısından daha azını harcar. Bunun sebebi pandanın beslenme biçimidir. Sindirim sistemi etobur beslenmeye uygun olmasına rağmen, pandalar genellikle bambu yiyerek beslenirler ve bu durum da pandaların verimsiz bir sindirim sürecine sahip olmalarına neden olur. Pandalar ihtiyaçları olan besinleri alabilmek için günlük 9 ila 18 kg bambu yemek zorundadırlar. Bu beslenme şekli az miktarda besin sağladığından, pandalar hareketlerini yavaşlatma ihtiyacı duyarlar. Bu durum çok fazla hareket etmemek anlamına gelir. Pandaların beyinleri, böbrekleri ve karaciğerleri az enerji sarfiyatı olması açısından küçüktür ve vücutları az miktarda tiroit hormonu salgılar, bu da metabolizmayı yavaşlatır.

## Balık eti neden kırmızı değildir?

Etlerin kırmızı ve beyaz rengini saptayan eleman 'miyoglobin' denilen proteinlerdir. Bunlar kanda, alyuvarlarda bulunurlar ve kaslara gerekli olan oksijeni sağlarlar. Beyaz ette miyoglobin miktarı çok azdır. Balık eti diğer yürüyen, uçan, sürünen hayvanların etlerinden birçok yönden farklıdır. Balıkların kasları diğerlerine göre gelişmemiştir. Balıklar neredeyse ağırlıksız bir ortamda yaşarlar. Onun için çeşitli vücut organlarını ana iskeletlerine bağlayacak, kıkırdak, kiriş ve bağ dokuları gibi dokulara fazla ihtiyaçları yoktur.

Balığın kaslarındaki bu çabuk açılıp kapanabilen lifler çok kısa süreli çalıştıkları için fazla enerji yani oksijen depolamalarına gerek yoktur. Bu nedenle balığın vücudundaki kan miktarı çok değildir. Dolayısıyla ete kırmızı rengini veren miyoglobin miktarı da az olduğu için etleri beyaza yakındır.

## Atmosferdeki oksijen oranı yüzde 21'i geçse ne olur?

Dünya atmosferindeki bu oran çok hassas bir denge içindedir. Örneğin; atmosferde bulunan oksijenin oranı, yani yüzde 21, hayatın güvenliği için aşılmaması gereken sınırların tam ideal noktasındadır. Yüzde 21'in üzerine artan her yüzde birlik oksijen oranı, bir yıldırımın orman yangını başlatma ihtimalini %70 artıracaktır.

Yüzde 25'lik bir oksijen oranı ise şu anda besin olarak kullandığımız bütün bitki türlerinin dev yangınlarda yok olması anlamına gelirdi. Yani hayat bir anda yok olurdu.

## Neden en uzun günler aralık ayındadır?

Eğer Kuzey yarım kürede yaşıyorsanız, diğer aylara kıyasla aralık ayında gündüzleri güneş ışıkları en az olacak ve havanın karanlık olduğu saatler en fazla olacaktır. Bunun sebebi, Dünya'nın ekseninin yıl sonunda Güneş'ten uzağa doğru eğilmesidir. Fakat aralık ayında en az güneş ışığı olmasına rağmen, aynı zamanda bütün yılın en uzun günü de yaşanmaktadır. Bir günün ortalama uzunluğu 86.400 saniye olarak hesaplanmışsa da aslında her günün -hafif farklı bir uzunluğu vardır. Bir boylam çizgisinin Güneş'le karşı karşıya gelmesi için baştan sona dönmesi gereken süreyi ölçmeniz gerekir ve Dünya kendi ekseninde döndüğü gibi Güneş etrafında da dolandığından, bir günün

uzunluğunu ölçmek için kabaca 361 derecelik bir dönüşe bakmanız gerekir.

Ve sonra işler biraz daha karmaşık bir hâl alır. Çünkü Dünya'nın Güneş etrafında izlediği yörünge kusursuz bir çember değildir; elips şeklindedir, yani Güneş'in etrafında dolandıkça zaman zaman ona yaklaşır zaman zaman da Güneş'ten uzaklaşırız. Güneş'e yaklaştığımızda Dünya'mız daha hızlı döner ve tersi şekilde de; uzaklaştıkça daha yavaş döner. Dünya'nın sahip olduğu eksen eğimi ve elips şeklindeki yörüngesinin kendine özgü bir birleşimi de en uzun günün aralık ayında olmasına sebep olur.

Dünya, Güneş'e en yakın olduğu anda, yer çekiminin Dünya'nın dönüşünü etkileme biçiminden kaynaklı, her günün gerçek uzunluğuna aslında 8 saniye eklemeniz gerekir.

Ayrıca Dünya'nın ekseni eğik olduğundan, mevsimler oluşur fakat bu aynı zamanda, eğimin Güneş'e doğru olduğu ya da ondan uzaklaştığı yılın belli tarihlerinde; daha dar boylam dilimlerinin Güneş'e doğrudan yöneldiği anlamına gelir. Bu yüzden Dünya kendi yörüngesinde hareket ettikçe, belirli bir boylam çizgisinin Güneş'in yönünü yakalaması için hafif şekilde daha ileri dönmesi gerekir.

## Virüsler bilgisayarlara nasıl zarar verir?

Virüsler çalıştığında bilgisayarınıza değişik şekillerde zarar verebilen bilgisayar programlarıdır. Tüm virüsler bir sistemde aktif hâle geçirildikten sonra çoğalma (bilgisayarınızdaki diğer dosyalara yayılma, ağ üzerinden diğer bilgisayarlara bulaşma) özelliğine sahiptir. Bilgisayar virüslerinin popüler bulaşma yollarından birisi "virüs kapmış bilgisayar programları"dır. Bu durumda, virüs kodu bir bilgisayar programına (söz gelimi, sık kullandığınız bir kelime işlemci ya da beğenerek oynadığınız bir oyun programı) virüsü yazan (ya

da yayan) kişi tarafından eklenir. Böylece, virüslü bu programları çalıştıran kullanıcıların bilgisayarları "potansiyel olarak" virüs kapabilir. Virüslenmiş program çalıştırıldığında bilgisayar virüs kodu da genellikle, bilgisayarınızın hafızasına yerleşir ve potansiyel olarak zararlarına başlar. Bazı virüsler, sabit diskinizin ya da disketlerinizin "boot sector" denilen ve bilgisayar her açıldığında ilk bakılan yer olan kısmına yerleşir. Bu durumda, bilgisayarınız her açıldığında "virüslenmiş" olarak açılır. Bazı virüsler uygulamalara zarar vermek, dosyaları silmek ve sabit diski yeniden formatlamak gibi çeşitli şekillerde bilgisayara zarar vermek amacıyla programlanmıştır. Bazıları zarar vermektense, sadece sistem içinde çoğalmayı ve metin, resim ya da video mesajları göstererek fark edilmeyi tercih ederler. Bu zararsızmış gibi gözüken virüsler kullanıcı için problem oluşturabilir. Bilgisayar hafızasını işgal ederek makineyi yavaşlatabilir, sistemin kararsız davranmasına hatta çökmesine neden olabilirler. Ek olarak birçok virüs, hata (bug) kaynağıdır ve bu hatalar sistem çökmelerine ve veri kaybına neden olabilir.

## Yer çekimi Dünya'nın her yerinde aynı mıdır?

Yoğunluğu her noktada aynı olan küre şeklindeki bir yapının çevresine etki eden kütle çekim kuvveti sabittir. Ancak şekli tam küresel olmadığı için Dünya'nın kütle çekim alanı her yerde aynı değildir. Dünya'nın kendi etrafındaki dönüşü, şeklinde bazı düzensizliklere sebep olur. Dünya'nın Ekvator hizasındaki çapı kutuplardakinden yaklaşık 40 kilometre daha uzundur.

İki cisim arasındaki kütle çekim kuvveti aralarındaki uzaklığın karesiyle ters orantılı olduğundan, kutuplardaki bir cisme etki eden kütle çekim kuvveti Ekvator'dakinden %0,66 daha fazladır.

Dünya ile Ay arasındaki kütle çekim etkileşimi de Dünya'nın şeklinde düzensizliklere neden olur.

Bunun yanı sıra yüzey şekilleri de Dünya'nın kütle çekim alanındaki değişimlerin nedenlerindendir. Örneğin; Ekvator bölgesinde 5.000 metre yüksekliğindeki bir dağın zirvesinde bulunan bir insanın ağırlığı, deniz seviyesindeki ağırlığından daha düşüktür.

Son yıllarda yapılan araştırmalar buzullardaki erimenin, okyanus tabanının hareketli yapısının Dünya'nın kütle çekim alanını etkilediğini gösteriyor. Kayaçların yoğunluğu da Dünya'nın kütle çekim alanında düzensizliklere neden olur. Çoğunlukla kayaçların yoğunluğu 2-4 g/cm$^3$ arasında değişir yani 1 cm$^3$ kayacın kütlesi 2-4 gram aralığında olabilir. Yoğunluğu düşük tortul kayaçlardan oluşan bölgelerdeki kütle çekim kuvveti, yoğunluğu yüksek kayaçlardan oluşan bölgelere göre daha düşüktür.

## Bulutlar neden elektriklenir?

Bilim adamlarının çoğu, yükselen bir hava tabakası içine düşen damlacıklardan büyük olanların artı (pozitif), küçüklerin de eksi (negatif) elektrikle yüklendiğini ileri sürer. Bu olay çağlayanlarda yapılan deneylerle ispat edilmiştir. Elektrikli bulutla-

rın yükselen sıcak hava tabakalarının bulunduğu yerlerde oluşması bu kuramı ispatlar.

Bir başka kurama göre de atmosferin her santimetreküpünde 1.000 pozitif, 800 negatif iyon vardır. Bu küçük iyonların sayıları atmosferin elektrikli tabakalarında daha da artar. Bu durumda pozitif iyonlar yere doğru inerken negatif iyonlar yeryüzünden yükselmeye başlarlar. Yağmur bulutları bu iyonlar yüzünden elektriklenmiş olur. Bu elektriklenme sonunda da yıldırım meydana gelir.

# Altın neden sarı renklidir?

Metallerin geneli gri olmasına ramen altın kendine has bir renktedir. Ancak altın, görünür yani beyaz ışık spekturumunun (beyaz ışık=yeşil+-mavi+kırmızı) mavi kısmını daha çok soğurup geriye kalan renkleri yansıtır. Geriye kalan kırmızı ve yeşil renklerdir. Onların karışımı da sarı renktir. Yani mavi ışığın soğurulup yeşil ve kırmızının yansıması bizim altını sarı olarak görmemizi sağlar.

# Akıl ile zekâ arasındaki fark nedir?

Akıl yalanla gerçeği, doğru ile yanlışı ayırabilme, bir konuda düşünce yürütebilme ve görüş bildirme yeteneğidir. İnsan olgunlaştıkça aklı gelişir. Zekâ ise bir olayı önce anlama, ilişkileri kavrama, yargılama ve açıklayarak çözme yeteneğidir. Genel olarak 12 yaşına kadar gelişir, 20 yaşına kadar

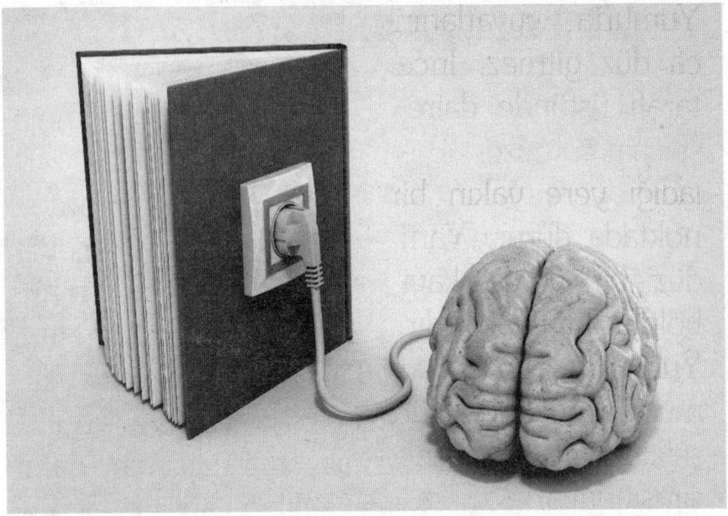

sürer sonra sabit kalır. Zekâ bir insanın her türlü olay karşısında aynı yeteneği gösterebileceği anlamına gelmez. Sonuç olarak zekâ, ruhsal olaylara, algı ve hafıza yeteneğine, tutkulara, eğilimlere göre farlılıklar gösterir. Akıl somut olarak ölçülemez, zekâ IQ denilen testle ölçülebilir.

## Yumurtanın niçin bir tarafı daha sivridir?

Yumurtalar eğer köşeli olsalardı kenarları dayanıklılık bakımından çok zayıf olurdu. En dayanıklı geometrik şekil küredir ama bu şekildeki yumurta yuvarlanacak olursa nerede duracağı belli olmaz.

Yumurta yuvarlanınca düz gitmez. İnce tarafı üstünde dairesel bir yol çizer. Başladığı yere yakın bir noktada durur. Yani düz bir yerde kaybolması imkânsızdır. Yumurta, tavuğun yumurta kanalında küre şeklindedir. İlerlemesi sırasında arkada kalan dairesel kaslar büzüşerek hem yumurtayı ileri iterler hem de bu kısmına baskı yaparak konik biçimini sağlarlar. Yumurtanın şeklinin nedeni de budur. Sürüngenlerde bu düzenek olmadığından yumurtaları küresel biçimdedir.

## Termostaki yiyecekler nasıl sıcak kalır?

Bir termosta iç içe geçmiş iki kap vardır. Dıştaki metal bir kap olup içteki genellikle bir cam şişedir. İkisinin arasındaki hava ise boşaltılmıştır. Tam olmasa da üreticiler tarafından elde edilebilen tama yakın bir boşluk vardır. Vakumlu bir ortamda hava molekülleri de olmadığından ısı iletilemez. Cismin ısısı başlangıçta ne ise o hâlde kalır. İçeriden dışarıya, dışardan içeriye ısı geçişi olmaz. Böylece termosa konan sıvı sıcaksa sıcak, soğuksa soğuk kalır.

## Istakozların kanı neden mavi renklidir?

Kana rengini veren pigmentlerdir. Bu pigmentler sayesinde kan kırmızı rengi alır. Omurgalıların kanlarının içerisinde demir elementi mevcuttur ve bu demir kanın kırmızı olmasını sağlar. Eklembacaklılar ve yumuşakçalarda ise demir yerine bakır elementi vardır. Istakozlarda da demir yerine bakır elementi olduğundan dolayı kanları kırmızı değil mavi renktir. Litresi 15.000 dolara satılan bu kanın alınmasından dolayı bu türün geleceği tehlike altındadır.

## Kuşlar uçarken de uyuyabilir mi?

Göçmen kuşlar haftalarca yere inmeden seyahat ederler. Uçmak büyük enerji sarfına yol açan bir eylem olduğu için kuşlar da uyumak zorundadır.

Bunu karadayken deniz memelileri gibi beyinlerinin yarısıyla yaparlar. Bu zaman zarfında aralıklı olarak uyurlar. Beynin bir yarısının uykuda, diğer yarısının uyanık olduğu durumda, kuşların bir gözü de açık olur. Açık olan gözden gelen veriler beynin uyanık olan yarısı tarafından değerlendirilir. Böylece kuşlar çevrelerindeki potansiyel tehlikelerden haberdar olabilir. Ayrıca uyurken uçmaya yani aerodinamik kontrolü sağlamaya devam edebilmek için genellikle yüksek irtifalarda ve yukarı yönlü hava akımları boyunca hareket ederler. Araştırmalara göre 12 saatten fazla uyuyan bazı türlerin, uçuş hâlindeki uyku süreleri gün içinde 42 dakikayı geçmez.

# Sinekler tavanda düşmeden nasıl yürür?

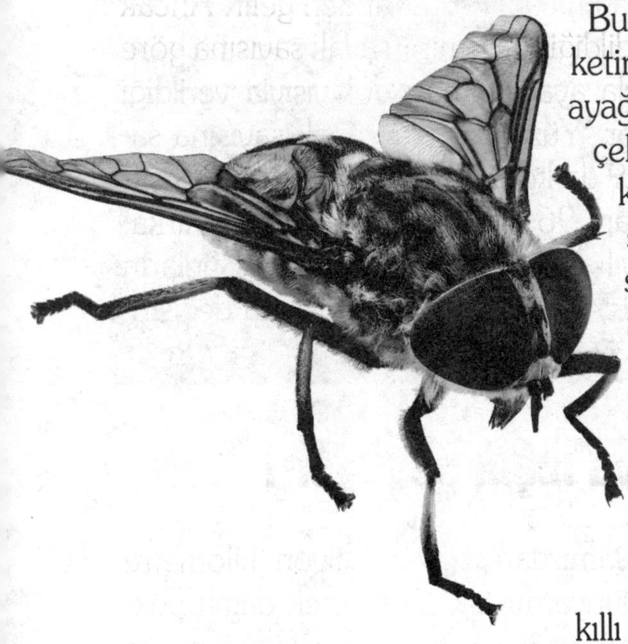

Bu garip hareketin sırrı, sineğin ayağındaki yer çekimine karşı koyucu hassanın kendisindedir. Bir mikroskop altında inceleyecek olursanız, sineğin ayağının altında yastığımsı, kıllı iki çıkıntının varlığı fark edilir. Bir teoriye göre, sinek, bu çıkıntıyla bastığı yüzeydeki hava basıncını çekmektedir. Fakat havasız bir şişenin içinde de aynı şeyden faydalanması, daha başka bir izah yolunun var olduğunu göstermektedir. Bahis konusu yastıklardaki kıllar, yapışıcı kavanoz vazifesi görür. Sinek bu zaman zarfında kendisini baş aşağı tutmaya yetecek güçte yapışkan bir sıvı üretir.

## Kırkayak kaç ayaklıdır?

Kırkayak kelimesi, Latincede "yüz ayak" anlamına gelen 'centipeda' kelimesinden gelir. Ancak bu canlı keşfedildiğinde isminin ayak sayısına göre değil, çok fazla ayağı olması dolayısıyla verildiği tahmin ediliyor. Yüze en yakın ayak sayısına sahip olanı 1999'da keşfedildi. Bu hayvanın 48 çift ayağı vardı, yanı 96 ayaklıydı. Diğer bütün kırkayaklar tek sayılı ayak çiftlerine sahiptir. Bunların ayak sayıları 15 çift ile 191 çift arasında değişir.

## Güneşe yaklaştıkça hava niçin soğuyor?

Güneş Dünyamızdan 149,5 milyon kilometre uzakta iken Dünyamızdaki en yüksek dağın yüksekliği 9 kilometreyi bile bulmaz. Biz zaten her gün evimizde otururken Dünya'nın kendi çevresinde dönmesinden dolayı, Dünya'nın çapı kadar, Güneş'e 12 bin kilometre yaklaşıp uzaklaşırız.

Elips şeklindeki yörüngesinde Dünya Güneş'in etrafında dönerken Güneş'e en fazla yaklaştığı mesafe 147 milyon, en uzaklaştığı mesafe ise 152 milyon kilometredir. Yani Dünya zaten bir yıl içinde Güneş'e 5 milyon kilometre yaklaşıp uzak-

laşmaktadır. Bu durum Dünyamızdaki ısıyı pek etkilemez, mühim olan ışınların dik gelmesidir.

Güneş'in Dünya'mızda oluşturduğu sıcaklık, ışınlarının yeryüzünden yansıması ile olur. Ondan sonra yükseldikçe nemli havada her bir kilometrede yaklaşık 6-7 derece düşer. Yani Everest'in dibi ile tepesi arasında 50 dereceden fazla sıcaklık farkı olması doğaldır. Atmosferin ikinci tabakası olan ve içinde ozon tabakası da bulunan 11. ve 48. kilometreler arasında hava ısısı bu sefer tam tersi yükseldikçe artar, tekrar sıfır dereceye kadar çıkar. 48. kilometreyi geçip 3. tabakaya girince ta 88. kilometreye gelene kadar tekrar düşüşe geçer. Bu tabakanın sonunda, yani 88. kilometrede -80 derecelere kadar düşer. Bundan sonra da sürekli yükselişe geçerek güneşe yaklaştıkça artar.

## Köpeklerin dilleri neden sürekli dışarıdadır?

Hayvanlar sıcak havalarda vücut sıcaklığını dengeleyebilmek için farklı stratejiler izler. İnsanlar bunu vücutlarının çeşitli bölgelerine dağılmış olan ter bezleriyle sağlar. Birçok memeli ise kürkleri ve kılları yüzünden bu şekilde terleyemez. Köpeklerde ise, esas olarak ayak altlarında ve çok az bir miktar da deri altında ter bezleri bulunur. Dillerini dışarıda tutarak pratikte aslında bizimle aynı şeyi yaparlar. Ağızlarından buharlaşan su, vücudun ısı kaybetmesine neden olur. Köpekler özellikle koş-

tuktan sonra çok daha fazla ve hızlı hızlı soluyarak bir nevi terlerler.

## Köpeklerin bıyıkları ne işe yarar?

Köpeklerin kürkünü oluşturan her bir tüy, hayvanların derisindeki sinir hücrelerine bağlıdır ve çevreyi algılamalarında büyük rolü vardır. Bıyıklarsa daha yüksek algılama yeteneğine sahiptir. Köpekler nesneleri koku alma duyuları ile koklarken bıyıkları ile algılarlar. Bıyıklarından ve burunlarından aldıkları sinyallere göre nesnelere yaklaşmaları ya da uzaklaşmaları gerektiğine karar verirler. Bıyıkları kesilen köpeklerde algı sorunları ortaya çıkar ve bu da beraberinde köpekte çekingenlik, stres gibi olumsuz durumları getirebilir.

# Horozlar neden her sabah erkenden öterler?

Horozun sabah erkenden, gün doğarken ötmesinin, insanları uyandırma arzusu ile bir ilgisi yoktur. Aslında horozlar gün boyu öterler ama gün ağarırken ötmeleri daha kuvvetli, daha canlıdır. Ortalık da iyice sessiz olunca çok uzaklardan bile duyulabilir. Horozların ötüş tempoları öğleden sonra saat 3'e doğru düşer. Horozların ötmeye başlamaları tam şafak vakti veya çok az öncedir. Gerek doğan Güneş'in ışığının etkisini gerekse yine aynı zamanda ötmeye başlayan diğer kuşların seslerinin etkilerini ölçmek amacıyla horozlar ışık ve ses geçirmez bir bölmeye konulmuşlar ama yine aynı saatte ötmeye başladıkları görülmüştür. Buradan da sabah sabah ötmenin horozun biyolojik saatinde ayarlanmış olduğu anlaşılmaktadır.

# Hayvanların neden kuyrukları vardır?

Hayvanlar kuyruklarını savunma, dengede kalma, vücut ısısını düzenleme (ısınma ya da gölge oluşturma), oyun oynama, yüzme, sıçrama, tırmanma, tutunma, koşma, karşı cinsin ilgisini çekme gibi oldukça çeşitli amaçlar için kullanırlar. Çok yakından tanıdığımız kedi ve köpekler, kuyruklarını, ne hissettiklerini bize anlatmak için kullanırlar. Örümcek maymunu, kuyruğunu üçüncü bir kol gibi kullanır. Kuyruk, tırmanırken ya da daldan dala atlarken ona büyük kolaylık sağlar. Denizatının da kavrayıcı kuyruğu, onun istediği yere rahatça tutunmasını sağlar ve suyun akıntısıyla oradan oraya savrulmasını engeller. Soğuk bölgelerde yaşayan hayvanlar genellikle büyük ve bol kıllı kuyruklarını vücutlarının etrafına dolayarak, ısınmak için kullanırlar. Sincap ise kocaman kuyruğunu bir şemsiye gibi kullanıp güneşten korunur. Kunduzlar ise bir paleti andıran kuyrukları sayesinde yüzerler.

## Sonbaharda neden ağaçlar yapraklarını dökerler?

Sonbahar gelip de güneşin gücü azalınca, bitki ondan istediği kadar ışık alıp kendisine besin yapamaz olur. İşte o zaman, bütün gücünü gövdesine verir. Artık daha az besinle yetinmek zorundadır. Bundan dolayı yapraklara besin gitmez. Günden güne sararır, kurur, dökülür.

## Sinekler kışın neden yok olurlar?

Sinekler ısıya çok hassastırlar. Güneş bir bulutun arkasına girdiğinde oluşan sıcaklık değişikliğinden bile etkilenirler. Kış günlerinde bazı bölgelerde sıfırın bile çok altına inen sıcaklıklar onların, özellikle gelişmiş olanlarının yaşama şanslarını yok eder. Larva veya yumurta hâlindekiler ise yaşamaya devam ederler. Bahar aylarında gelişmiş birer karasinek olarak yaşantımıza katılırlar. Yani evinizde gördüğünüz sinekler geçen senekiler değillerdir, onların çocuklarıdırlar.

# Erkek kuşlar neden dişilere göre daha süslüdür?

İnsanların aksine hayvanlarda erkek daha güzeldir, dişisinden görünüm ve ebat olarak farklıdır. Çünkü hayvanlar âleminde genellikle dişiler erkeklerini seçerler. Bu nedenle erkek cazip olmak zorundadır. Sadece dış görünüşü ile değil kuşlarda olduğu gibi özellikle çiftleşme zamanında sesleriyle, yani ötüşleriyle de rakiplerinden üstün olmaları gerekir. Kuşlardaki bu güzellik, tüylerindeki melanin denilen bir maddeden kaynaklanmaktadır. Hayvanlar dünyasında güzellik ve renklilik önemli bir iletişim aracıdır. Çevresindekilere büyüklük, güç, yaş ve cinsiyet konularında fikir verir, etkiler.

Kuşlarda erkeklerin daha iri olmaları, parlak renkleri ve kuvvetli ötüşleri bir açıdan da yuvayı savunma sorumluluğunu taşımalarındandır. Bu özellikler ne kadar kuvvetliyse düşman o kadar ürküp çekinebilir, o yuvayı bırakıp daha başka kolay avlara yönelebilir.

Hayvanlar aleminde kuşların en çok ötenleri de erkeklerdir. Bunu hem dişi kuşu davet hem de hâkimiyetleri altında olan alanları belirtmek için yaparlar. Şüphesiz dişi kuşlar da en çok öten erkeği tercih ederler.

## Balıklar nasıl yüzer?

Her balık vücudunun elastikiyeti cinslere bağlıdır. Mesela yılan balığı vücudunu bir yılan gibi hareket ettirebilir. Bütün balıklar kuyruklarını her iki yana da hareket ettirebilir. Kuyruk her iki yana hareketi sırasında geri ve yandaki suyu iter. Suyun bu hareketlere olan tepkisi balığın ters yönde hareket etmesine sebep olur. Kuyruğun başka bir vazifesi de balığın yana yatmasını önlemektir. Bunun yanı sıra hareket yönünde sabit kalmasını sağlar. Yüzgeçlerin açısının değiştirilmesi ile balık aşağı ve yukarı yüzebilir.

## Ampul nasıl çalışır?

Aslında ampullerin çok basit bir ışık sistemi yapısı vardır. Ampulün içinde bulunan çok ince filaman dediğimiz (çoğunlukla tungsten metalinden yapılmış) bir tel bulunur. Bu telden geçen elektrik akımı sonucunda tel aşırı derecede ısınarak ışık yaymaya başlar. Ampulün içi argon gazıyla dolu armut şeklinde bir camdan ibarettir. İçinde elektrik akımının geçtiği kalın iki tane tel bulunur. Bu tellerin ucunda iki tel arasında ise filaman yer alır. Filamanı tutan ayrıca iki veya daha fazla destek telleri mevcuttur. Akım ve destek telleri cam bir kaideye tutturulmuştur. Akım tellerinin birisi ampulün altındaki noktaya, diğeri ise vidalı kısmın yan tarafına bağlıdır. Elektrik bu noktalardan temin edilir. 60 Watt'lık bir ampuldeki filamanın boyu yaklaşık iki metredir.

## Kış uykusuna yatan hayvan uyandırılabilir mi?

Kış uykusundaki bir canlının vücut sıcaklığı ve metabolizma hızı son derece düşmüş durumdadır. Vücut sıcaklığını artırmayı başarmanız hâlinde, hayvanı uyandırabilirsiniz. Ancak uyanma hızı vücut sıcaklığının ne kadar düşmüş olduğuna ve dolayısıyla da normal vücut sıcaklığına erişim için geçecek zamana bağlıdır. Örneğin ayılar, kış uykusuna girdiklerinde vücut sıcaklıkları çok az bir düşüş gösterir. Bu nedenle de uyanmaları çok daha kısa sürer. Ancak kış uykusundaki küçük bir kemirgenin vücut sıcaklığı +2°C'ye kadar düşüş gösterebilir. Dolayısıyla bu canlının uyanması çok daha uzun sürecektir. Doğal olmayan bir etken tarafından kış uykusundan uyandırılan hayvanlarda bazı fizyolojik bozukluklar görüldüğünün bilinmesi nedeniyle, arazi çalışmalarında hayvanların uyandırılmaması ve rahatsız edilmemesi için büyük özen gösterilmektedir.

## Görüş açımız kaç derecedir?

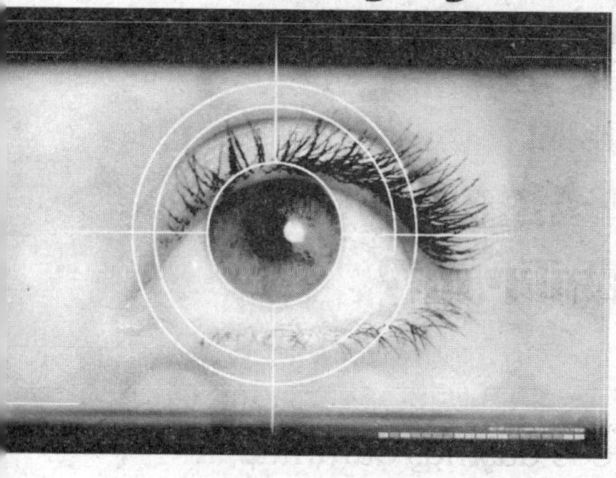

İnsanların görüş alanı toplam 180°'dir. Ancak, binöküler görüş denilen iki gözün görüş alanlarının çakışmasıyla ortaya çıkan alan 120°'yi bulur. Köpeklerde ve kedilerde toplam görüş alanı 150°, binöküler görüş alanı ise 85°'dir. Gözleri, başın iki yanında bulunan hayvanlarda toplam görüş alanı artmasına rağmen binöküler görüş alanı azdır. Atlarda toplam görüş alanı 350°, binöküler görüş alanı da 65°'dir. Güvercinlerde toplamda görüş alanı 300°-340° arası olurken binöküler görüş alanı ise 20°-30° kadardır. Kafasını 200° çevirebilen baykuşların görüş alanı 110°, binöküler görüş alanı da 70°'dir.

## Bebekler neden sallanarak uyur?

Bebeklerin sallanarak uyutulmalarına, bilim adamları 'vestibüler uyarı' adını verir. Sallamak suretiyle uyutmak iç kulağın uyarılması sonrası bebeğin sakinleşmesiyle alakalıdır. İç kulak, işitme ve denge organlarını içeren iki bölümden oluşur, işitmede hiçbir rol oynamayan ikinci bölüm yalnızca dengeyle ilgilidir. İçi sıvı dolu yarım daire biçiminde üç kanaldan oluşan bu bölüme 'vestibüler labirent' denilir. Buradaki hücreler, başın en küçük hareketi ile çalkalanan iç kulak sıvısının çırpıntılarıyla uyarılarak başın açısal hareketini anında beyne iletirler. Görme duyusunun da yardımıyla dengenin sağlanmasına yardımcı olurlar. Çok hızla dönüp aniden durduğumuz zaman, iç kulak kanallarındaki sıvı hâlâ dönmekte olduğundan baş dönmesi denilen durum meydana gelir.

Vücut sallanırken gözler sabit bir noktaya baktığında onlardan beyne hareket olmadığı sinyali gider. Bu iki sinyal arasındaki fark bir çeşit baş dönmesi oluşturur ve uyku getirir. Uykunun gelmesi vücut ihtiyacı olarak değil tamamen beyinde oluşur.

Araştırmalar iç kulak vestibüler sistemi düzenli olarak uyarılan bebeklerin daha hızlı geliştiklerini, daha erken oturup, ayakta durabildiklerini göstermektedir. Öte yandan salıncakta, kucakta veya ayakta sallanan bebeklerdeki refleksler uyarı almayan bebeklerden daha hızlı gelişmektedir.

## Dünyanın dönüşü aniden durursa ne olur?

Dünyadaki her cismin üzerinde dönüşten dolayı bir merkezkaç kuvveti etkisi vardır. Ancak bu merkezkaç kuvveti, yer çekimine göre çok zayıftır. Eğer zayıf olmasaydı zaten dönerken atmosferle birlikte uzaya fırlar giderdik.

Dünya aniden frene basılmış gibi durursa, güçlü yer çekiminden dolayı uzaya gitmezdik. Aksine merkezkaç kuvveti ortadan kalkacağından dünya bizi daha çok çekecek, ağırlığımız daha da artacaktı. Bu ağırlık artışının yüzde 5 civarında olacağı sanılıyor.

Dünya aniden durursa atmosfer Dünya'nın dönme hızı ile dönmesine devam ederdi. Fren yapmış arabadaki insanlar ve eşyalar gibi, yere, kayalara sabitlenmemiş her şey bu hızla ileri fırlar, büyük depremler olur, denizler karalara karışır, hayat yok olurdu ama hiçbir şey uzaya gitmezdi. Böyle bir durumda 6 ay gece, 6 ay gündüz olurdu. Dünya hayli ısınır, atmosferik hava akımları yön değiştirir, manyetik kutuplar ve biyolojik hayat altüst olurdu.

## Dünyadaki tüm insanlar aynı anda 30 cm yüksekten atlasa deprem olur mu?

Dünyada 7,7 milyar insan yaşıyor. Bütün insanları yan yana duracak şekilde bir araya getirdiğimizde, yaklaşık 1.300 km2'lik bir alana ihtiyacımız olur. Bu alan, neredeyse İstanbul'un (5.461 km2) dörtte biri kadarıdır. Bu insanların tümü aynı anda 30 cm yüksekten aşağı atladığı durumda inanılmaz büyüklükte bir deprem olur miti kesinlikle doğru değildir. Belki bölgesel olarak etki edebilir ancak söz konusu bir depremi oluşturması imkânsızdır. Çünkü bütün insanların toplam ağırlığı, gezegenimizin ağırlığından 10 trilyon kat daha hafiftir.

## Esinti bizi neden serinletir?

Vücut fonksiyonlarımızın sağlıklı ve verimli bir şekilde yerine gelebilmesi için ideal vücut sıcaklığının korunması önemlidir. Vücut ısımızın olması gerekenden daha düşük veya daha yüksek olması vücut fonksiyonlarımızı olumsuz etkiler. Vücut fonksiyonlarımız ısı üretir ve vücudumuz içinde bulunduğu ortama ısı aktararak ideal ısı aralığını muhafaza eder. Vücudumuz etrafa ısı yayarken vücudun etrafındaki hava ısınır ancak hava durağan değil de esintiliyse vücudun temas içinde olduğu hava sürekli yenilendiğinden vücut daha hızlı bir şekilde soğur. Bu sayede serinlemiş hissederiz.

# İneklerin çıkardığı gaz gerçekten küresel ısınmayı etkiler mi?

Küresel ısınmayı olumsuz etkileyen önemli faktörler listesinde büyükbaşların çıkardıkları gazın atmosfere salınımı yer alır. Tek bir inek, atmosfere yılda yaklaşık 70 ila 120 kg metan salar. Dünyada yaklaşık 1,5 milyar büyükbaş vardır. Üstelik metan, karbondioksitten 23 kat daha zararlıdır. Bunun yanı sıra metan, atmosferde oksijenle karıştığında, kademeli olarak karbondioksite dönüşür. Birleşmiş Milletlerin açıkladığı verilere göre hayvancılık, toplam sera gazı salınımının %18'ine yol açmaktadır. Japonya'da yapılan bir çalışmaya göre ise 1 kg sığır etinin üretimi 36,4 kg karbondioksit ($CO_2$)'in ortaya çıkmasına neden olmaktadır. Bir otomobil ise 250 km yol katettiğinde aynı miktarda $CO_2$ üretir. Yani en basit şekilde ifade etmek gerekirse bir büyük baş hayvan yetiştirmek; bir otomobile sahip olmaktan daha fazla $CO_2$ üretmek anlamına gelir.

## Yaşlandıkça koku duyusu körelir mi?

Koklama, sürekli ve kaçınılmaz olarak zararlı moleküllere maruz kalmamıza yol açar. Bununla birlikte zararlı moleküllerden uzaklaşmamızı mümkün kılan da yine koklama duyumuzdur. Ancak zararlı moleküllere uzun süre maruz kalan koku sinirlerimiz ister istemez hasar görür. Koku duyu kayıpları yaşlılıkla artar.

65 yaş altında koku duyusu kaybı yaklaşık %2'dir ve bunun büyük bölümü yukarıda sözü edilen travmalar nedeni ile ortaya çıkar. 65-80 yaşları arasında koku duyusu kaybı ise yaklaşık %30'dur. Burada sözü edilen koku duyusunun tamamen kaybı değil kısmen kaybıdır. 80 yaş üzerine çıkıldığında ise koku duyusundaki azalmanın %75'lere vardığı görülür. Koku duyusu 20-35 yaşları arasında ise hassasiyetinin zirvesine ulaşır. 35'den sonra yavaş yavaş azalmaya başlar.

## Yüz tanıma teknolojisi nedir?

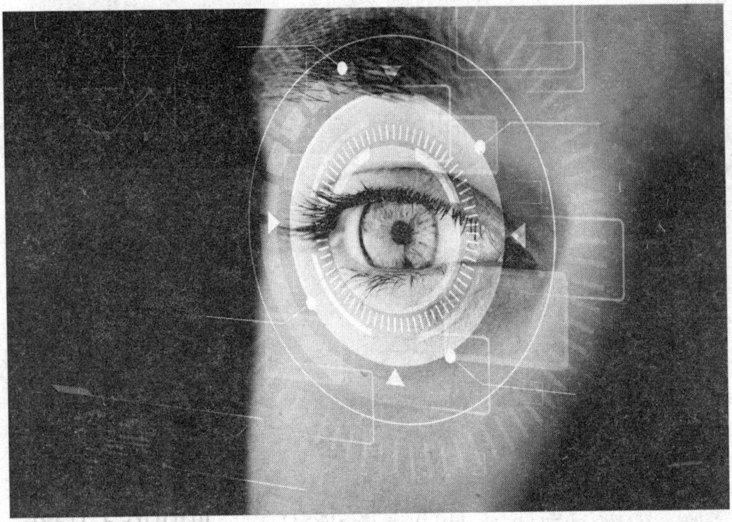

Yüz tanıma, gelişmiş kameralarla kaydedilen görüntülerle elde edilen verilerin, geniş veri tabanı ile karşılaştırılarak uygun eşleşmenin bulunması esasına dayanır. Yüz tanıma sistemi video gözlem sistemine bağlandığında yazılım kameranın görüş alanındaki yüz görüntülerini tespit etmek için görüntüyü tarar. Her bir yüz benzeri görüntüyü kaydeder ve yüz işleme sistemine gönderir. Sistem yüzün konumunu, başın yönünü ve boyutunu tahmin eder. Yüzün sistem tarafından yüz olarak algılanabilmesi için kameraya en az 35 derecelik bir açıyla dönmesi gerekir.

Tespit edilen görüntünün uygun bir duruş ve boyutta kaydedilip haritalandırılabilmesi için gerekli olan işlemler yapılır. Buna normalizasyon denir. Ardından yazılım, ana hatları belirlemek için yüzün geometrisini çıkarır. Gözler arasındaki mesafe, dudakların kalınlığı, çene ve alın arasındaki mesafe vb. Bu işlemin sonucu ortaya çıkan bilgiye yüz imzası denir.

Yüz imzası çıkarıldıktan sonra sistem onu benzersiz bir koda dönüştürür. Bu kod, elde edilen verinin önceden kaydedilmiş veriler arasındaki işlemleri kolaylaştırır.

Elde edilen yeni veriyle daha önce kayıt edilmiş verilerin karşılaştırıldığı aşamadır. Veri tabanındaki görüntülerden biriyle eşleşme bulunursa yazılım, eşleşen yüzün ayrıntılarını çıkarır ve kullanıcıyı bilgilendirir.

# Atom saatleri nasıl çalışır?

Atomların rezonans frekanslarını sayarak zamanı ölçen atom saatlerinin 3 milyon yılda 1 saniye hata yapma ihtimali yalnızca %22'dir. Atom saatinin bu kadar yanlışsız olması ise, atomların oldukça tutarlı frekanslarda rezonans üretmelerinden kaynaklanır. Eğer bir sezyum atomunu alır ve rezonans üretmesini sağlarsanız, bu atom herhangi başka bir sezyum atomu ile tam olarak aynı frekansta rezonans üretecektir. Sezyum-133 saniyede 9.192.631.770 dönüş sayısına sahiptir. Bu kesinlik kuvars saatlerden oldukça farklıdır. Çünkü, kuvars kristali el yapımı olduğundan yine bir salınım frekansı standardını temel alır ve atomik saatler kadar kesinliği yoktur. Ayrıca, kuvars salınımları sıcaklık gibi dış etkenlerden etkilenerek değişebilir.

## Ateş üzerinde nasıl yürüyorlar?

İddia edildiğinin aksine bu gerçeğin arkasında mistik bir sır yoktur. Ciddi bir yaralanma söz konusu olmaksızın sıcak korların üzerinde yürümeyi sağlayan birkaç önemli bilimsel neden vardır:

Bunlardan ilki, ateş yolunun çok önceden yakılmış ancak alev almamış kömürle hazırlanmış olmasıdır. Yani aslında ateş yürüyüşü, ateş üzerinde değil, sönmekte olan kor üzerinde yapılır.

ikinci neden, yanan korların üzerinin bir kül tabakası ile kaplanmış olmasıdır. Kül, zayıf bir iletken olduğundan yanan korların ısının ayaklara iletilmesini yavaşlatır. Aslında bu gerçek, ateş yürüyüşünün niçin gündüz değil de gece yapıldığını anlamamızı sağlar. Çünkü gece karanlığında korlar öyle bir parlar ki külleri göremeyiz. Oysa gün ışığında korlar, külün varlığını gizleyemez.

Üçüncü neden ise süre faktörüdür. 3-5 metrelik bir ateş yolundan tempolu bir şekilde yapılan yürüyüşte her bir ayağın közlerle temas süresi birkaç saniyeyi geçmez.

Bütün bunlar uygulandığında ciddi bir yaralanma olmaksızın ateşin üzerinde yürümek mümkündür.

## Yağmur neden damla damla yağar?

Bulutlardaki su damlacıkların çapları genellikle 1 il 10 mikron (1 mikron = 0,001 milimetredir) arasındadır. Bulutlar yukarı doğru belli bir hızla (1 ile 10 metre/saniye) hareket ederlerken su damlacıklarını da doğal olarak beraberinde götürürler. Damlacıklar yükseldikçe yoğunlukların artması sonucunda büyürler. İki veya daha fazla damlacık birleşerek damlalar oluşur. Hava, bu damlacıkları artık daha yükseğe taşıyamaz hâle gelir ve damlalar yeryüzüne doğru düşmeye başlarlar. Tepenizde gördüğünüz orta büyüklükte, yaklaşık 1 kilometre çapındaki bir bulutun hacmi 4 milyar metreküptür ve içinde 1-5 milyon kilogram su vardır. Peki, nasıl oluyor da bu kadar su başımıza kovadan dökülür gibi dökülmüyor, bu kadar tonlarca ağırlık havada durabiliyor?

Bunun sebebi bulutların içerisindeki elektrik yüküdür. Bu elektrik yükleri doğal olarak oluşan damlacıklara geçer. Bu elektrik her zaman tek bir yük içerir. Aynı yükle yüklü maddeler her zaman birbirlerini iterler. Böylece yağmur yağdığı sırada damlalar da düşerken birbirlerini iterler. Toprağa düştüklerinde ise toprağın nötrleme özelliğinin olması sayesinde yüklerinden kurtulurlar ve birbirlerine yapışırlar. Eğer yağmur damlaları arasındaki bu itme kuvveti ve gerilim alanı oluşmasaydı, yağmur direkt olarak ineceği için dünyada canlı hayat ihtimali kalmazdı.

## Ses dalgaları yok olmaz mı?

Ses dalgaları, havayı sıkıştırıp genleştirerek yayıldığından, beraberinde bir miktar enerji de taşırlar. Ses dalgası yayıldıkça, taşıdıkları enerjinin bir kısmı ortamın ısınmasına neden olacak şekilde "dalgadan ayrılır". Bunun dışında, ses dalgaları yayıldıkça, gittikçe kaynaktan uzaklaştığı için genliği (yani sesin yüksekliği) azalır. Bir süre sonra, hem genliğin azalmasından hem de sürtünme kayıplarından dolayı ses o kadar zayıflar ki, artık ortamdaki moleküllerin neden oldukları rastgele sıkışma-genleşme olaylarından fark edilemez duruma gelirler. Bu aşamada dalganın taşıdığı enerji hâlâ ortamda bulunur, ama ortada ses olarak algılayabileceğimiz herhangi bir sinyal kalmaz.

## Kar nasıl yağar?

Kış aylarında güneş ışınları olmadığı için, bulutların bulundukları yüksekliklerde hava sıcaklığı çok düşük olunca, yükselen su buharı, sublime denilen şekilde sıvı hâle geçmeden, bu aşamayı atlayarak doğrudan buz kristali hâline dönüşür. 0,1 milimetre çapındaki buz kristalleri birbirlerine yapışarak kar tanelerini oluştururlar.

Eğer bulut ile yer arasındaki hava sıcaksa bu kar taneleri yere düşene kadar yağmur tanesi hâline dönüşebilirler, ama soğuksa yere kadar kar tanesi olarak inmeyi başarabilirler. Hafiflikleri nedeniyle yere o kadar yavaş inerler ki 3 bin metreden inmeleri 2 saat alabilir. Bazen bulutun altındaki sıcaklık öyledir ki, bir kısmı kar, bir kısmı yağmur

damlası hâlinde düşerler, biz buna "sulu sepken" diyoruz. Yani yağmur veya kar yağmasını belirleyen ana unsur, bulut ile yer arasındaki hava sıcaklığıdır. Genel kanının aksine kar yağması havayı ısıtmaz, aksine ısınan hava karın yağmasına sebep olur. Kar kristalleri altıgen bir şekil içindedirler. Her bir koldan 3 ve 12'li kollar çıkar. Bu dizilişin sebebinin oksijen atomlarının diziliş şekli olduğu sanılıyor.

## Ispanak insana güç verir mi?

Ispanak, vitamin ve diğer besin maddeleri bakımından oldukça zengin bir sebzedir. Yapısının büyük bir kısmını su oluşturur. Özellikle C vitamini diğer sebzelere oranla daha fazladır hatta limon, portakal gibi turunçgillere yakındır. Ispanak kalsiyum ve demir bakımından da zengindir. Ancak ıspanağı diğer yeşil sebzelerden ayıran, demir bakımından aşırı bir zenginlik de söz konusu değildir. Eşit ağırlıklı bir hamburgerde de ıspanak kadar demir vardır. Ayrıca bir mineralin bir sebzede çok bulunması, yenilince doğrudan vücudumuza geçeceği ve vücudumuzu bu mineraller bakımından zenginleştirip kuvvetlendireceği anlamına gelmez.

## Kaç tane uçan balon bir insanı uçurabilir?

Bir litre helyum 0,18 gramdır. Bir litre hava 1 gramdır diye bilinir ama onun yüzde 80'inin nitrojen olduğunu düşünürsek bir litre hava, hemen hemen saf nitrojen kadar yani 1,25 gramdır diyebiliriz. Yani bir litre helyum, bir litre havadan yaklaşık 1 gram daha hafiftir.

30 santimetre çapındaki bir balonu tam küresel düşünüp hacmini hesap edersek 14.137 santimetreküp yani 14 litre eder. Helyumun bir litresi havadan 1 gram hafif olduğuna göre bu balon ucuna bağlanan 14 gram ağırlığı havaya kaldırabilir (balonun kendi ağırlığı ve ip ihmal edilerek).

30 kilogram ağırlığındaki bir çocuğu havaya kaldırmak için her biri 14 gram kaldırma gücündeki balonlardan 2.150 tanesini bir araya getirmek gerekir. 30 metre çapındaki bir balon ise 14 ton ağırlığı kaldırabilir.

## Halterciler yarışmadan önce ne koklar?

Haltercilerin yarışmadan önce kokladıkları madde amonyaktır. Bunu solunum yollarını açmak için kullanırlar. Ancak, bunun sanıldığı gibi fizyolojik bir katkısı yoktur. Yalnızca psikolojik olarak katkı sağlar. Amonyak pis ve biraz da keskin bir kokudur. Daha çok konsantrasyonu artırdığı için koklatılır.

## Uzun süre hareketsiz kaldığımızda neden yoruluruz?

Yorgunluk hissinin temel nedeni vücuttaki enerji eksikliğidir. Enerji rezervlerinin normalden fazla tüketilmesi, yoğun fiziksel etkinliğin dışında, vücuttaki bazı metabolik aksaklıklar durumunda da gerçekleşebilir. Özellikle vücudun toksik maddelerle savaşımı durumunda, enerji rezervlerinden yüklü bir tüketim gerçekleşir. Bir diğer yorgunluk nedeni, yoğun etkinlik sonucu kaslarda oluşan laktik asit birikimidir. Özellikle ortopedik olmayan bir pozisyonda, eklemlerimiz ve kaslarımız belirli bir süre hareketsiz kaldığında, ya da uykudan yeni uyandığımızda, kas ve eklemlerimiz "ısınıncaya" kadar yorgunluk hissi duyuyoruz. Ancak bu, enerji azlığı nedeniyle ortaya çıkan fizyolojik yorgunluktan oldukça farklıdır.

## Yalan makinası nasıl çalışır?

Yalan makinesi testi, bir kişinin doğru olup olmadığını belirlemek için sorulara verilen fizyolojik reaksiyonları analiz etmek için tasarlanmıştır. Makine, bazı yerlerde iş başvurusunda bulunanları taramak ve suç işlemiş olabilecek şüphelileri sorgulamak için rutin olarak kullanılır. Tolygraph denilen bir alet ile sanığa 4-6 adet sensör bağlanır. Bu sensörlerden gelen çeşitli sinyaller, dönmekte olan bir kâğıdın üzerine grafik olarak kaydedilir. Bu sensörlerle sanığın; nefes alış hızı, nabzı, kan basıncı, terleme miktarı kayda alınır. Bazı yalan makinelerinde kol ve bacak hareketleri de kaydedilir. Yalan makinesi testi başladığında, sanığa önce 3 veya 4 basit soru sorulur. Bu şekilde sanığın verdiği sinyallerin düzeni öğrenilir. Daha sonra gerçek sorular sorulmaya başlanılır ve sinyaller kayda alınmaya devam edilir. Test süresince ve sonrasında bir uzman grafikleri sürekli, kontrol altında tutarak, hangi sorularda sinyallerin değiştiğini tespit eder. Kalp atışının hızının artması, tansiyonun yükselmesi ve terleme genellikle yalan söylemenin belirtileridir. İyi eğitilmiş bir uzman grafiklere bakınca nerede yalan söylendiğini derhal anlayabilir. Daha sofistike tasarlanmış makineler beynin manyetik rezonans görüntülemesini (MRI) de içerir. Testin tamamlanması genellikle bir ila üç saat gerektirir.

## Yiyecekler midemizde ne kadar kalır?

Her gıdanın midede kalış süresi değişiktir. Örneğin hindi dolması ancak dört saat 15 dakika sonra

mideden bağırsağa geçerken, ıspanak püresi için bu süre bir saat yirmi beş dakikadır. Haşlanmış sığır ve dana eti dört; pirinç pilavı bir buçuk; domates, soğan, fasulye iki; bakla, kuzu eti iki buçuk; marul, kereviz, koyun eti, tavuk, makarna, peynir, yumurta, ekmek üç saat midemizde kalır. Ördek, kaz gibi gıdaların midede kalış süresi dört buçuk saati bulur.

## Dünyanın merkezinde ne var?

Sismik incelemeler sonucunda sıvı olduğu doğrulanmış bulunan dış çekirdek 2.300 km kalınlığındadır ve yarıçapı yaklaşık 3.400 km'dir. Bu bölgede yoğunluk 9.900-12.200 kg/m$^3$ civarın-

da, yani mantodakinden çok daha yüksektir. %80 oranında demire ek olarak, nikel ve bazı daha hafif elementlerden meydana gelir.

Kurşun ve uranyum gibi daha yoğun elementler de ya çok ender görülür ya da daha hafif elementlere bağlanarak kabukta kalma eğilimindedir. Dış çekirdek üzerinde, katılaşmasını sağlayacak kadar basınç bulunmaz; o nedenle iç çekirdeğe benzer bileşime sahip olmasına rağmen sıvı kalabilir. Dış çekirdekte sıcaklık 4.030°C ile 5.730°C arasında değişir.

Sıcaklığının yüksekliği nedeniyle düşük ağdalılığa sahip bir akışkan durumunda olan dış çekirdek, türbülanslı konveksiyona maruz kalıp, gezegenin geri kalanından daha hızlı döner. Bu da akışkan merkezinde girdaplı akımlara yol açarak, dinamo etkisi oluşturur. Bunun, gezegenimizin manyetik alanını etkilediği düşünülür.

İç çekirdek, kimyasal bileşim olarak dış çekirdek gibi büyük ölçüde demir ve nikelden meydana gelir. Çapı ise yaklaşık 1.220 km'dir. Merkezindeki yoğunluk 12.600-13.000 kg/m3 aralığında değişir. Bu da altın, platin, paladyum, gümüş ve tungsten gibi ağır elementlerden epeyce barındırdığına işaret eder. Sıcaklığının 5.400°C civarında olduğu tahmin edilir. Demir ve diğer ağır elementlerin bu sıcaklıkta katı olabilmesinin nedeni ise oradaki basınç dolayısıyla erime sıcaklıklarının dramatik şekilde artmasından ve 330 ila 360 gigapascal'a çıkmasından ileri gelir.

## Neden esneriz?

Elimizde olmadan uzun, derin ve ağır bir tarzda solup alıp vermeye esnemek denir. Esneme sırasında ağız iyice açılır ve içeriye bol hava girer. Esnemenin sebebi beynin bazı kesimlerinde geçici oksijen azlığıdır. Bunu gidermek için kana fazlaca oksijen karışması gerekir. Esnemeyle, sinir merkezlerinin daha iyi oksijen alması sağlanır. Esnemenin asıl sebebi yorgunluktur. Heyecan, sindirim bozuklukları da esnemeye sebep olabilir. Esneme sırasında bazen kulak, geçici olarak işitmez olur. Bunun sebebi östaki borusunun kapanmasıdır.

## Bir yere çarptığımızda vücudumuz neden morarır?

Bir yere sert bir şekilde çarptığımızda derimizin altındaki yumuşak dokularda bulunan kılcal damarlar ve küçük atardamarlar baskının etkisiyle çatlar. Bu çatlaklardan kırmızı kan hücreleri (alyuvarlar) dokuya sızar. Deri altındaki bu dokuda toplaşan alyuvarlar, çürüklerde bizim dışarıdan gözlemlediğimiz mor rengin asıl sebebidir. Bir çürük iyileşirken neredeyse gökkuşağının tüm renklerine bürünür. Aslında bu renk değişikliği vücudumuzun alyuvarları metabolize ettiğinin yanı yıkıma uğrattığının göstergesidir.

## Boy uzaması niçin durur?

İnsan vücudunda "endokrin guddeleri" adı verilen bir guddeler sistemi vardır. Büyümemizi de bu guddeler sistemi kontrol eder.

Endokrin guddeleri sistemi, boyundaki "tiroit", beyine bağlı "pituiteri/hipofiz", göğüsteki "timus" ve "cinsiyet guddeleri"nden meydana gelmiştir. Hipofiz guddesi kemiklerimizin büyümesini düzenler. Eğer bu gudde gereğinden fazla, normalüstü çalışıyorsa, kollarımız ve bacaklarımız çok uzun,

ellerimiz, ayaklarımız çok büyük olur.

Gudde yeteri kadar çalışmıyorsa, cücemsi yapılar oluşur.

Bebek büyükçe bir "timus" guddesiyle doğar. Çocukluk esnasında bu gudde daha da büyür. Çocuk 13 veya 14 yaşına vardığı zaman, gudde küçülmeye başlar. Söz konusu gudde ile cinsiyet guddeleri arasında kesin bir ilişki vardır. Timus guddesi çalışırken, cinsiyet guddeleri küçüktür. Cinsiyet guddelerinin gelişmeye başlamasıyla, bu guddenin çalışması durur. Bir insanın cinsel yönden tam olgunluğunun 22 yaş diye kabul edilmesi bundandır. Büyüme artık tamamen durmuş demektir.

## Dünyanın en derin noktası neresidir?

Pasifik Okyanusu'nun batısındaki Mariana çukuru 10 bin 994 metreyle dünya denizlerinin en derin noktasıdır. Burada derinliğin 11 bin 34 metreyi bulduğu da söylenir. Mariana çukuru ilk kez ucuna ağırlık bağlanmış halatla ölçülmüştü. Ultrason teknolojisi sayesinde daha hassas ölçüm yapmak mümkün oldu. 1960 yılında araştırmacı Don Walsh ve Jacques Piccard 10 bin 898 metreye kadar daldılar. 2012 yılında rejisör James Cameron da tek başına aynı derinliğe kadar indi. Mariana çukurunun bütün sırları günümüze kadar çözülemedi.

Dünya denizlerinin diğer derin noktaları, Atlantik'teki Puerto Rico çukuru ile Hint Okyanusu'ndaki Java çukuru ve Kuzey Buz Denizi'ndeki Arktik havuzudur.

## Yıldırımın sıcaklığı Güneş'in sıcaklığından fazla mıdır?

Bir yıldırım 29.726 derece sıcaklığa ulaşabilir. Güneş'in yüzey sıcaklığı ise sadece 5.726 derecedir. Öncelikle, Güneş'in yüzeyinin aslında en soğuk katmanı olduğunu söylememiz lazım. Çekirdeğine indiğinizde sıcaklığı 14.999.726 derecedir. Atmosferi ise 499.726 derece sıcaklığı bulur.

## Yükseklerde neden nefes almak zordur?

Yükseğe çıktıkça aldığımız her solukta oksijen molekülü sayısı azalır. Bu da, vücudumuzun ihtiyaç duyduğu oksijeni alabilmek için daha fazla solunum yapması anlamına gelir. Bu durum vücudun özellikle oksijene en duyarlı olan beyin, akciğer, göz vs. gibi organlarında kısmi veya tam oksijen yetersizliği oluşmasına neden olur. Kabaca oksijenin deniz düzeyinde 160 mmHg olan basıncı, 2.000 metrede 125 mmHg'ye, 3.000 metrede 110 mmHg'ye ve 4.000 metrede ise 100 mmHg'nin altına kadar düşer. Kabaca 5.500 metredeki oksijen basıncı, deniz düzeyinin yarısı kadardır.

Hayatını deniz seviyesinde veya ona yakın yerlerde sürdüren biri, 3 bin metre yükseklikte bir dağa çıktığında vücudu atmosferdeki değişikliklere uyum sağlamaya çalışır. Her solukta alınan havada oksijen azalmıştır. Yeterli oksijen alabilmek için daha sık solumaya başlar. Bu çaba havadaki oksijen azlığını ancak bir ölçüde telafi edebilir.

Yükseklik arttıkça hızlanan soluk alıp verme, oksijen miktarını normal düzeyde tutmak için yeterli olmaz. Üstelik, fazla mesai yapan solunum kasları daha fazla enerji harcadığından vücudun oksijen ihtiyacı artar. İşleri düzeltmek için kalp daha fazla çalışarak dokuların oksijen açlığını gidermeye çalışır.

## Plajlardaki kum nereden gelir?

Kumsala vurup zamanla plajları oluşturan kumların büyük bir bölümü ölü deniz canlılarının çürümesi sonucu oluşmuş artıklardır. Birkaç milyon yıl gibi uzun bir zaman diliminde, ölmüş deniz canlıları çürüyerek küçük parçacıklara bölünmüşler ve denizdeki akıntı ve dalgalarla kıyılara taşınmışlardır. Kumun bir başka kaynağı da toprak erozyonudur. Akarsular kum ve alüvyonları karaların içlerinden denize taşırlar. Zamanla bu taşınan kum ve mil, kıyılarda birike birike kumsalları oluşturur.

## Dışkı böcekleri neden o dev topları yapar?

Bu tür, dışkıdan küre imal edebilen tek böcektir. Bu işi de erkek dışkı böceği üstlenir. Erkek dışkı böcekleri hayatı boyunca en büyük topu yapmak için uğraşır. Zira dişiler en büyük topu yapan erkekle çiftleşirler. 30 parmağa sahiptir. Ön ayaklarının yardımıyla dışkıdan iri bir küre yapar, bu kürenin içine yumurtalarını aşılar ve küreyi başı hep doğuya dönük olarak, arka ayaklarıyla yuvasına itip gömer. Yirmi dört gün sonra yavruları belirmeye başlayınca, küreyi topraktan çıkarıp suya götürür. Küre suda eridiği zaman da yavrular serbest kalır. Otçul ve hepçil hayvanlar tarafından boşaltılan gübreyi yerler. Birçokları ayrıca, mantarlar, çürüyen yapraklar ve meyvelerle de beslenir.

## Akıntılar insanı nasıl denize doğru çeker?

Dalgalar açık denizlerde oluşur ve kıyıya çarpmadan önce uzun mesafeler kateder. Açık denizden sahile doğru yaklaşan dalgalar derin sulardan sığ sulara ulaştığında dalganın alt kısmı deniz tabanına temas eder. Sürtünme nedeniyle dalganın alt kısmı yavaşlar. Bu durumda dalganın yüksekliği artar ve şekli değişir. Sığ sularda dalganın yüksekliği ile dalga boyu arasındaki oran belli bir değeri geçtiğinde (dalganın yüksekliğinin dalga boyuna oranı 1/7'ye ulaştığında) ise dalganın şekli bozulur. Bu olay dalga kırılması olarak isimlendirilir.

Çeken akıntı kıyıya yaklaşan dalgaların kırılmasıyla oluşur. Kıyıya çarpan dalgalar geri dönerken deniz tabanında kum sırtı ve resif gibi bir engelle karşılaşırsa su açık denize doğru hareket edemez.

Eğer deniz tabanındaki engelde zayıf bir bölge ya da küçük bir açıklık varsa su bu bölgeden açık denize doğru hızla hareket eder. Bu olgu çeken akıntı olarak isimlendirilir. Çeken akıntı, bu bölgede yüzen bir insanı açık denize doğru sürükler.

## Utanınca neden yüzümüz kızarır?

Yüz kızarması, sadece utanma durumunda değil, şaşırma, kızma, heyecanlanma, korkma veya stres hissi durumunda da ortaya çıkabilir. Utanma hissiyle birlikte ortaya çıkan etkiler, sadece kızarma ile sınırlı değildir. Çoğunlukla kalp atışlarında hızlanma ve bazı durumlarda da ürkme hissi bile ortaya çıkabilir. Yüz kızarması, belirli zihinsel süreçlerin üst üste gelerek, utanma güdüsü oluşturması ve sonuçta da fonksiyon yetersizliğine sebep olması nedeniyle ortaya çıkan bir durumdur. Zihin karışıklığı durumunda, simpatik sinir sistemi devreye girer ve çevresel kılcal damarlar, vazodilatör maddelerin etkisiyle genişler. Bunun sonucunda da kan akışı hızlanır ve yüz ile boyun çevresine daha fazla kan gelir. Utanma durumunda vücut sıcaklığında da artış görülmesi nedeniyle, kan, en çabuk soğuyabileceği noktalara, yani el, ayak ve yüze gönderilir.

# Kaktüslerin neden dikenleri vardır?

Bitki yaprakları gereksinim duyulan gazların absorbe edilmesi ve suyun buhar şeklinde atmosfere verilmesini sağlar. Ancak bazı bitkilerin yapraklarında yapısal ayrıcalıklar ortaya çıkmıştır. Örneğin; kaktüs bilkisindeki dikenler, metamorfoz (başkalaşım) geçirmiş yapraklardır. Bu dikenler sayesinde bitkinin etrafındaki hava tabakası korunur ve böylece bitkiden su kaybı azalır. Ayrıca kaktüs gibi sukulent (sulu) bitkilerde bitkinin büyümesi, gelişmesi için gerekli olan klorofili tutmak bu dikenler sayesinde olur.

# Yolcu uçakları niçin 10 km yükseklikte uçarlar?

Uçakların yaklaşık 10 km yükseklikte uçmalarının ana nedeni; alçaklara oranla bu yüksekliklerde, aynı yakıt sarfiyatıyla daha yüksek hızlara ulaşabilmeleridir. Çünkü, yüksekliğin her 5 km'lik artışında, hava yoğunluğu 1/2 faktörüyle azalır. Dolayısıyla, 10 km yükseklikteki hava yoğunluğu, deniz düzeyindekinin dörtte biri kadardır. Belli bir hızda uçan uçak için hava yoğunluğunun azalması, uçağın uğradığı sürtünme kuvvetinin azalması anlamına gelir. Ancak, uçağın belli bir kaldırma kuvvetini sağlayabilmesi için, yoğunluğu daha az olan havada daha hızlı uçması gerekir. En yaygın olarak uçulan hız 960 km/sa. olup, bu değer; sıcaklıkla birlikte değişmekle beraber 1.200 km/sa. civarında olan ses hızından yeterince uzaktır. Sonuç olarak; 10 km yükseklikte 960 km/sa. hızla uçan bir uçak; deniz seviyesinde bu hızın yarısıyla uçarken karşılaşacağı kadar sürtünme kuvvetine maruz kalır ve belli bir yakıt stokuyla, deniz seviyesinde uçarak kat edebileceği mesafenin iki misli yol alır.

## Kanımız kırmızı iken damarlarımız neden mavi ve yeşil?

Kanımızın kırmızı olması kırmızı kan hücrelerini, yani alyuvarları çevreleyen ve aslında demir içeren bir protein olan hemoglobin, oksijenle birleşerek bilinen parlak kan rengini oluşturur. Damarlarımızın mavi renkte görünmesi vücudumuza gelen ışığın bir kısmının emilmesi ve bir kısmının da yansıtılmasıyla ilgilidir.

## Neden tek yumurta ikizlerinin parmak izleri birbirini tutmuyor?

Tek yumurta ikizleri aynı DNA'ya sahip olsalar da hücre hücre aynı değildir, dış görünüşünüzü genleriniz belirlemez. Parmak izleri ise vücutta maruz kalınan hormonlara bağlıdır. İki hücrenin hormon seviyesi farklı olduğu için, parmak izleri de aynı olmaz.

## Bir ağacın yaşı nasıl tespit edilir?

Kesilmiş bir ağacın gövdesi üzerindeki halkalar yaşı hakkında önemli bir veridir. Ağaç halkalarının varlığı mevsimlerle yakından ilişkilidir.

Mevsimsel farklılıkların bulunduğu kuzey yarıkürede büyüme sürekli olmayıp, ilkbaharla birlikte hızlanır, yazın azalır. İşte bu büyüme hızı farklılığından dolayı ilkbaharda oluşan odun dokuları açık renkli, yazın oluşan odun dokuları ise koyu renkli halkalar şeklinde görülür. Bu durumda bir açık ve bir koyu renkli halka bir yıllık bir büyümeye karşılık gelir. Yıllık halkalar diye bilinen bu halkaların sayısı ağacın yaşını vermektedir. Yıllık halkaların bize sunduğu bilgiler ağacın yaşı ile sınırlı değildir. Bu halkalar yardımıyla:

- Arkeolojik kalıntıların tarihlenmesi
- Geçmişte oluşan erozyon ve çökelim hızının belirlenmesi
- Radyoaktif karbon yoluyla saptanan yaşların doğrulanması

- Önemli orman zararlarının veya yangınların gerçekleştiği tarihlerin anlaşılması
- Geçmişte yaşanan iklim değişikliklerinin ortaya konması mümkün olur...

Yıllık büyüme halkalarının yardımıyla geçmişte yaşanmış tüm bu olayları belirlemeye çalışan bilim dalına Dendrokronoloji denir. Yaşayan dikili hâldeki bir ağacın yaşı artım burgusu denilen bir alet yardımıyla bulunur. Bu artım burgusu; yaşı ölçülecek ağacın gövdesinin yerden 1,30 m yüksekliğindeki bölgesinde, ağacın gövdesine çevirmek suretiyle sokulur. Daha sonra halka kaşığı yardımı ile ağaca zarar vermeden bir yaş halkası çubuğu dışarıya çıkarılır. Ve bu çubuk üzerinden ağacın yıllık halkaları kolayca sayılır.

## Bir gün bir yıldan uzun olabilir mi?

Venüs'ün Güneş'in etrafındaki bir tam turunu tamamlaması 224,65 gün sürer. Bu, Dünya'daki bir yıldan daha kısa bir sürer çünkü Venüs'ün Güneş'in etrafındaki yörüngesi daha dar bir alanı kapsar. Buna karşın Dünya'nın kendi etrafındaki bir tam turu 24 saattir. Venüs'ün aynı şeyi yapması ise tam olarak 243 gün sürer. Diğer bir deyişle, Venüs'te bir gün bir yıldan daha uzundur. Ayrıca Güneş Sistemi içerisinde diğer tüm gezegenlerin tersi yönde kendi ekseni etrafında dönen tek gezegen de yine Venüs'tür.

## Yağmur sonrası topraktan yayılan kokunun sebebi nedir?

Yağmurdan sonraki aldığımız o rahatlatan kokunun kaynağı toprakta bulunan ve aktinomiset adı verilen bir bakteridir. Toprak nemliyken gelişen bu bakteriler, toprak kuruduğunda sporlar üreterek çoğalmaya başlar. Yağmur yağdığında, toprağın içindeki sporlar damlaların etkisiyle havalanır. Ortamda oluşan nemli hava, sporları oradan oraya taşıyarak burnumuza ulaştırır.

## Ateşimiz yükseldiğinde neden üşürüz?

Ateşimizin yükselmesi, hipotalamusta bulunan bedenimizin iç termostatının sıcaklığının yükselmesi ile gerçekleşir. Fazla egzersiz yaptığınızda ya da sıcak bir günde vücut sıcaklığınız yükselebilir ama iç termostatta bir ısı değişimi olmaz, yaklaşık 36,8°C'de sabit kalır. Kendimizi sıcaklamış

hissettiğinizde hipatolamus bunu terleyerek ya da deriye kan pompalayarak düzeltmeye çalışır. Tüm bunların yanında ateşlendiğimizde termostattaki ısı da artar. Bu da beden sıcaklığımızın 36,8°C'nin altına düştüğü anlamına gelir, siz de üşür ve beden ısınızı arttırmak için titrersiniz. Daha yüksek vücut ısısı akyuvar sayısını arttırıp, bakterilerin tekrar oluşumunu yavaşlattığı için mikroplarla savaşta yardımcı olabilir.

## Anne karnındaki bebek nasıl nefes alır?

Gelişen bebekler hamileliğin erken dönemlerinden başlayarak oksijene ihtiyaç duyarlar. Ancak bebek doğumdan sonrasına kadar ilk nefesini almaz. Bunun anlamı, bebek aslında rahim içinde gerçekten nefes almaz. Bunun yerine göbek kordonu vasıtasıyla bebeğe ilk nefesine kadar oksijen ulaştırılır.

Hamilelikte 5-6 haftanın ardından göbek kordonu gelişir ve oksijeni doğrudan gelişen fetüsün bedenine aktarır. Göbek kordonu plasentaya bağlanır ve o da rahme bağlıdır. Her iki yapıda da çok sayıda damar bulunur ve hamilelik boyunca büyüyüp gelişmeye devam eder.

Göbek kordonu ve plasenta birlikte çalışarak besinleri anneden bebeğe aktarırlar. Ayrıca bebeğin gelişimi için gerekli olan oksijen bakımından zengin kanı da sağlarlar.

Yani anne bebeği için nefes alır ve kanındaki oksijen sonrasında bebeğin kanına geçer. Anne aynı zamanda bebeği için nefes de verir ve bebekteki karbondioksit plasenta vasıtasıyla annenin kanına geçer ve nefes vererek dışarı çıkar. Oksijen gibi bebeğe giden bileşenler, asla bebekten çıkan atık ürünler ile etkileşime girmezler. Göbek kordonundan iki ayrı damar vasıtasıyla aktarılırlar.

## Çöller ne işe yarar?

Çöllerin, iklim ve yağmur bulutlarının oluşumuna katkısının yanı sıra, çöl kumunun bir besin kay-

nağı olma gibi çok önemli vazifeleri mevcuttur. Sıcak çöllerde organik madde az, mineral boldur. Sahra Çölü'nde görülen 'Siroko' adlı rüzgâr, toz ve kumun atmosfere yükselmesini sağlar. Kum tanecikleri büyüklüklerine göre birkaç saat ile birkaç hafta arasında havada asılı kalabilir. Bu parçacıklar, atmosferdeki hava akımlarının tesiriyle binlerce kilometre öteye taşınabilirler. Bu tozlar içindeki demir, atmosferde geçirdiği reaksiyonlar neticesinde insan vücuduna faydalı hâle gelir. Sahra Çölü'nün tozları, Amerika Kıta'sına, Kuzey Avrupa'ya ve Anadolu'ya kadar ulaşır.

## Neden gözlerimizi kırpıştırıyoruz?

Göz kırpma eylemi esas olarak gözün nemli kalmasını sağlar ve herhangi bir yabancı maddeden korur. Göz kapağını oluşturan cilt katının altındaki sebase bezleri vardır ki gözlerimizin kurumamasını sağlamak için yağlar salgılar. Bu kasların çabuk hareketi vizyonumuza veya bakış açımıza müdahale etmez. Göz kapağı aynı zamanda sebase bezinden yağları emer, böylece gün içinde göz nemliliğini korur.

## Atlara niçin gözlük takılır?

Atlar her iki yandaki gözleri sayesinde hem önlerini hem de arkalarını görme yeteneğine sahiptirler. Ne var ki gözleri birbirlerinden çok uzaktadırlar. Bu da at için cisimlerin mesafelerini tespit bakımından büyük bir zafiyet verir.

At arkasından ya da yandan yaklaşan tehlikeyi görür ama tehlikenin ne kadar yakın veya uzakta olduğunu kavrayamaz. Nesneleri neredeyse iki misli büyük gören at tehlikeyi olduğundan daha yakındaymış gibi algılar. Bu nedenle de sürekli endişe içindedir.

Yarış atlarına koşu sırasında yandaki hemcinslerinden ürkmemeleri için yan taraflarını görmelerini engelleyecek gözlükler konulurken at arabalarını çekenlere sadece önlerini görmeleri, diğer yönlerde olan hareketlerden etkilenmemeleri için gözlük takılır.

"At gözlüğü ile bakmak" deyimi de buradan gelir. Dar görüşlü insanlar için kullanılan bu deyim, aynı zamanda bir olay ya da gelişme hakkında yorum ve kestirme yaparken belirli kalıplar içinde düşünmek ve hareket etmektir.

## Hangi kutup daha soğuktur?

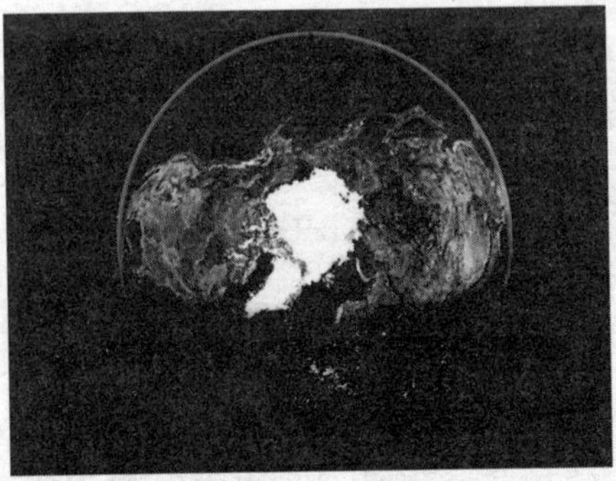

Güney Kutbu, Kuzey Kutbu'ndan çok daha soğuktur. Bunun sebebi iki kutbun göründükleri kadar benzer olmamasıdır. Her ne kadar iki kutup da buzlarla örtülü olsa da Güney Kutbu bir kara parçasıdır, bu yüzden de Antarktika adıyla yedi kıtadan biri olarak kabul edilir. Kuzey Kutbu ise okyanus üzerinde yüzmekte olan bir buz kütlesidir. Güney Kutbu çok kalın bir buz tabakasıyla kaplıdır ve ortalama yükseltisi çok fazladır. Bu da Güney Kutbu'nu çok daha karasal ve soğuk bir yer yapar. Kuzey Kutbu'nu oluşturan buz kütlesinin su üstündeki yüksekliği ise çok azdır ve Kuzey Kutbu, üzerinde yüzdüğü okyanusun ılıman etkisi altındadır. Sonuç olarak Güney Kutbu'ndaki ortalama sıcaklık Kuzey Kutbu'ndakinden çok daha düşüktür.

## Termometrelerde neden cıva kullanılır?

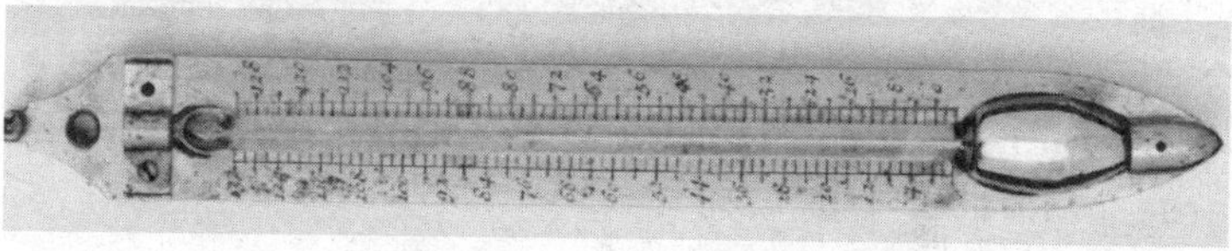

Sabit basınç altında ısıya maruz kalan her madde genişler. Çünkü ısı, atomların kinetik enerjisini yükseltir. Kinetik enerjinin artışı atomların hareketini artırarak birbirlerinden ayrılmalarına neden olur. Isıya bağlı hacim artışı tren rayları gibi metallerde, kauçuk tekerlekler gibi katı maddelerde, su,

alkol, cıva gibi sıvılarda ve klor, brom gibi madensi elementlerde (halojenler) görülür.

Alkol yüksek bir genleşme katsayısına sahip olması sebebiyle de tercih edilebilir. Ancak sıcaklıktaki küçük bir değişiklik bile tüpün içine konmuş alkolün büyük bir değişime uğrayarak yükselmesine neden olur. Ancak alkol o kadar hassastır ki tüpün içindeki değişimler, neredeyse çalkantılı bir harekete yol açar.

Cıva ise sıcaklık değişikliklerinin daha belirgin olarak görülmesine imkân tanır. Sızdırmaz bir tüp içine konan cıva alkolden çok daha yavaş bir hızda yükselir ve düşer. Yani termometre, kaynayan su dolu bir kaba batırılıp, ölçüm yapıldıktan sonra çıkarıldığında ölçülen sıcaklık hızla düşmeyeceğinden, suyun sıcaklığının çok daha güvenilir bir şekilde belirlenmesi sağlanır.

Cıva -40°C'de donarken; alkol -115°C'de donar. Yani cıvalı bir termometre -40°C'nin altındaki sıcaklıkları ölçemez. Ancak alkol kaynama noktası olan, 78,37°C'den daha yüksek sıcaklıkları ölçmek mümkün değildir. Cıvanın kaynama noktası 356,7°C olduğundan alkole göre çok daha yüksek sıcaklıkların ölçülebilmesini sağlar.

Cıvanın az bulunması, pahalılığı ve zehirliliği konusunda bir çözüm olmadığı hâlde sunduğu geniş bir aralıkta ölçüm yapabilme özelliği, tercih edilmesinde etkili olmuştur.

## Yaşlandıkça boyumuz neden kısalır?

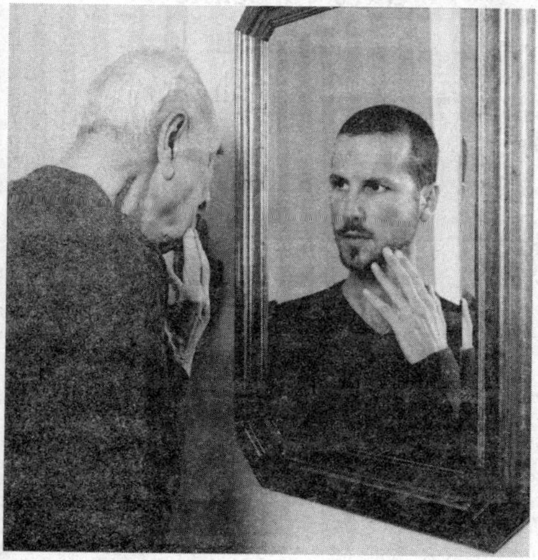

Omurgayı oluşturan omurlar arasında disk olarak isimlendirilen, jöleye benzer bir madde bulunur. İlerleyen yaşlarda bu madde su kaybetmeye ve küçülmeye başlar. Ayrıca yaşlandıkça kalsiyum ve mineral kayıplarından dolayı kemik yoğunluğu da azalır.

Bu değişimler omurganın kısalmasına ve zamanla eğilmesine neden olur. Yaşlandıkça insanların boyunun kısalmasının temel nedeni omurgada ortaya çıkan bu değişimlerdir. İnsanlar 40 yaşından sonra her 10 yılda bir ortalama 1 santimetre kısalır.

## Kelebeklerin kaç gözü vardır?

Kelebeklerin küre biçimli bir çift bileşik gözü bulunur. Her bir göz 17.000 küçük gözcükten oluşur. Bu gözcüklerin her birinin kendi lensleri vardır ve bunlar ışık alıcısı olarak çalışırlar. Bu gözcükler uyum içinde çalışarak kelebeğe çevresinin mozaik bir görünümünü sağlar. Her küçük gözcük bir lens gibi işlev gören kornea ve bir koniye sahiptir. Koninin arkasında ışığı 2-6 duyu hücresinden oluşan küçük bir hücre kümesine taşıyan bir çubuk uzanır. Bu hücrelerden her biri görünür spektrumun özel bir bölümüne duyarlıdır.

Gözler hareket etmezler. Çünkü hemen hemen 360 derece açıyı görüş özelliğine sahiptirler. Bu aynı anda çevredeki her şeyi görmek avantajı demektir. Böylece önünde yer alan çiçekte beslenirken arkadan yaklaşan bir fotoğrafçıyı rahatlıkla görürler.

Kelebekler polarize ışığı görebilirler. Hava parçalı bulutlu bile olsa güneşin konumunu belirleyebilirler. Böylece kendi konumlarını güneşe göre ayarlayabilirler ve yaşam alanlarında gezinirken bir pusula gibi kullanırlar. Kelebekler renkler ve desenleri insanlar ve kuşlardan farklı görürler. Çünkü ultraviyole ışığı da görebilme kabiliyetleri vardır. Böylece çiçeklerdeki UV desenler de görülebilmektedir. Bu desenler kelebeklere nektar kaynağı hakkında çiçeğe konuş sırasında uçuş kulesinin uçaklara sağladığı gibi rehberlik sağlarlar.

## Uzay ortamında ses duyulur mu?

Boş uzayda sesler duyulamaz. Çünkü ses dalgalarının içerisinde yol alabileceği bir ortam yoktur. Örneğin boş uzaydayken bir gitarın tellerini çektiğinizi düşünelim. Teller Dünya'da olduğu gibi titreşmeye başlayacaktır. Ancak tellerdeki enerjiyi kulağınıza aktaracak bir ortam olmadığı için herhangi bir ses duyamazsınız. Zaman ilerledikçe enstrümandaki sürtünmeler sebebiyle titreşimler giderek azalacak ve en sonunda tamamen duracaktır. Böylece tellerdeki mekanik enerji, ısı enerjisine dönüşecek ve enstrüman ısınacaktır.

## Bebekler neden bal yiyemez?

Arılar bal yapmak için nektar toplarlarken botulizm bakteri sporlarını da beraber alıp farkında olmadan bal yapımında kullanabilirler. Yetişkinlerin aksine bebeklerin sindirim sisteminde botulizm sporlarını kontrol eden ve bakterinin çoğalmasını ve zehir üretmesini önleyen faydalı bakteriler henüz gelişmemiştir. Bu bakteri bebeklerde botulizm adı verilen tehlikeli bir zehirlenmeye neden olabilir. Zehirlenen bebek nefes alma ve yutkunma zorluğu çekebilir, kol, bacaklar ve boyunda güçsüzlük ortaya çıkabilir, durum çok ciddi sonuçlara yol açabilir.

## Cırcır böceklerinin ötmesi neyi anlatır?

Cırcır böcekleri doğal termometre gibidir. Bir cırcır böceğinin 14 saniyede kaç kere ses çıkardığı sayılır. Buna 38 eklenir. Bu rakam bize Fahrenheit cinsinden sıcaklığı verir. Tabii unutmamak gerekiyor ki bu sadece 45 Fahrenheit'ın üstündeki sıcaklıklarda geçerli bir kuraldır. 45 F derecenin altında cırcır böcekleri tembelleşir. Eğer sıcaklık 90 F'nin üzerine çıkarsa bu sefer de cırcır böcekleri enerjilerini korumak için daha az ses çıkarırlar.

## Balinalar derine nasıl dalar?

Küvier Balina'sı 3.000 metre derine dalabilir. Bu, 2 saatten fazla nefeslerini tutabilmesi anlamına gelir. Ancak balinaların akciğerleri suyun altında oksijen deposu olarak görev yapmaz. Uzun süre nefeslerini tutabilmelerinin temel nedeni oksijeni uzun süre verimli bir şekilde kullanabilmeleridir. Deniz memelilerinin solunum ve kalp-damar sistemleri karada yaşayan diğer memeli türlerinden farklı özelliklere sahip. Örneğin deniz memelilerinde kan hacminin vücut hacmine oranı, insanlardakinden yaklaşık 3-4 kat daha fazladır. Kanlarındaki hemoglobin (kandaki oksijen taşıyan protein) oranı ise insanlardakinin yaklaşık iki katıdır. Deniz memelilerinde kas dokularında oksijen depolayan protein olan miyoglobin oranı da insanlardakinden 10-20 kat fazladır. Ayrıca suyun altında oksijen tüketimini mümkün olduğunca azaltabilmek için balinaların kalp atım hızları azalır ve kan sadece kalp, beyin ve kaslar gibi gerekli organlara pompalanır.

## Mısır nasıl patlar?

Mısır 70 derece ve üzerinde ısıtıldığında, nişasta su ile birlikte bir karışım oluşturur. Bu karışım, ısınmanın etkisiyle tutkal gibi bir sıvı karışımı hâline gelir. Sonunda bu karışım devam eden ısı karşısında kaynamaya başlar. Mısır tanesinin içindeki su da, gaz hâline dönüşüp, buharlaşmak ister. Ancak mısır tanesinin içinde buharlaşacak yer olmadığından, doğal olarak bir sıkışma meydana gelir. Su buharı içeriden mısır kabuğunun iç duvarlarına karşı basınç uygular. Kabuğun sert olması, genişlemeyi uzun bir süre engeller. Fakat ısı arttıkça kabuğun iç kısmındaki basınç giderek artar ve artık kabuk basınca karşı dayanamaz hâle gelir. Nihayet 170 derece ve üzerinde mısır kabuğu aniden patlar. Bu ani durum değişikliği, bir patlama sesi şeklinde kendisini gösterir. Tutkal kıvamında süngerimsi görünümlü karışımın sonunda sertleşerek donar.

## Şeker zihni açar mı?

Yapılan en büyük hata beynin şeker ile çalışmasından dolayı fazla miktarda çikolata ve basit şeker içeren tatlıların tüketimidir. Fazla şeker tüketimi daha hızlı şekeri düşürecektir. Kan şekeri hızla düşen kişilerde konsantrasyon azalır, el ve ayaklarda uyuşma artar hipoglisemi gözlenir.

## Bulutların bir ağırlığı var mıdır?

Bulutlar çok ama çok küçük su damlalarından oluşuyor. Öyle ki tek bir yağmur damlası oluşturabilmek için bu küçük su damlacıklarının milyon tanesi bir araya gelmek zorundadır. Su damlacıklarından oluştuğuna göre bulutların mutlaka bir kütlesi ve ağırlığı mevcuttur.

Tipik bir kümülüs bulutunun su yoğunluğu (güzel havalarda gökyüzünde gördüğünüz beyaz, kabarık küme hâlindeki bulutlar) metreküp başına 0,5 gramdır. Ortalama bir kümülüs bulutu 1 kilometre küp hacmindedir.

1 kilometre küp 1.000.000.000 metreküptür. Sonuç olarak ortalama bir kümülüs bulutunun ağırlığı: 1.000.000.000X0,5'tir. Bu da 500.000.000 gram = 500.000 kilogram = 500 tondur.

## Fasulye neden gaz yapar?

Fasulye, içinde oligosakkarid adını taşıyan şeker molekülleri barındırır. Ve şekerin bu türü ne mide ne de ince bağırsak tarafından sindirilebilir. Besin, kalın bağırsaklarımızda bakteriler tarafından parçalanır ve bu bakteriler işlem sırasında hidrojen, nitrojen ve karbondioksit başta olmak üzere farklı türde gazlar açığa çıkarır. Ancak vücudunuzdan çıkan kötü kokunun kaynağı bu gazlar değildir. Söz konusu şeker moleküllerini parçalayan bakteriler bu sürecin sonucunda metan gazı üretmeye başlar. Metan gazının seviyesi arttıkça bağırsaklar da bu gaz ile dolar ve anüse baskı yapar.

## Dünyada ne kadar su var?

Dünyada yaklaşık 1,39 milyar kilometre küp su vardır. Bunun yaklaşık %96,5'i küresel okyanuslarda bulunur. Geri kalan suyun yaklaşık %1,7'si kutuplardaki buzullarda, %1,7'lik bir kısmı yer altı sularında, göllerde, nehirlerde, akarsularda ve toprakta depolanır. Dünyadaki suyun sadece %1'i atmosferde su buharı olarak bulunur.

Dünyadaki tüm suyun yaklaşık %97,5'i tuzlu su, %2,5'i ise tatlı sudur. Okyanus ve denizlerdeki tuzlu su miktarı 1.338.000.000 km3'tür.

Atmosferde bulunan toplam su miktarı 12.900 km3'tür. Bu miktar dünyadaki tüm suyun %0,001'ini dünyadaki tüm tatlı suyun ise %0,04'üne tekabül eder.

## Gözlerimizin rengini ne belirliyor?

Göz rengi, bir kişinin genindeki çeşitlilik ile belirlenir. Göz rengiyle ilişkili genlerin çoğu, melanin adı verilen bir pigmentin üretimi, taşınması veya depolanmasında rol oynar.

En fazla etkiye sahip iki ana gen olmasına rağmen, göz renginin belirlenmesinde 16 farklı gen

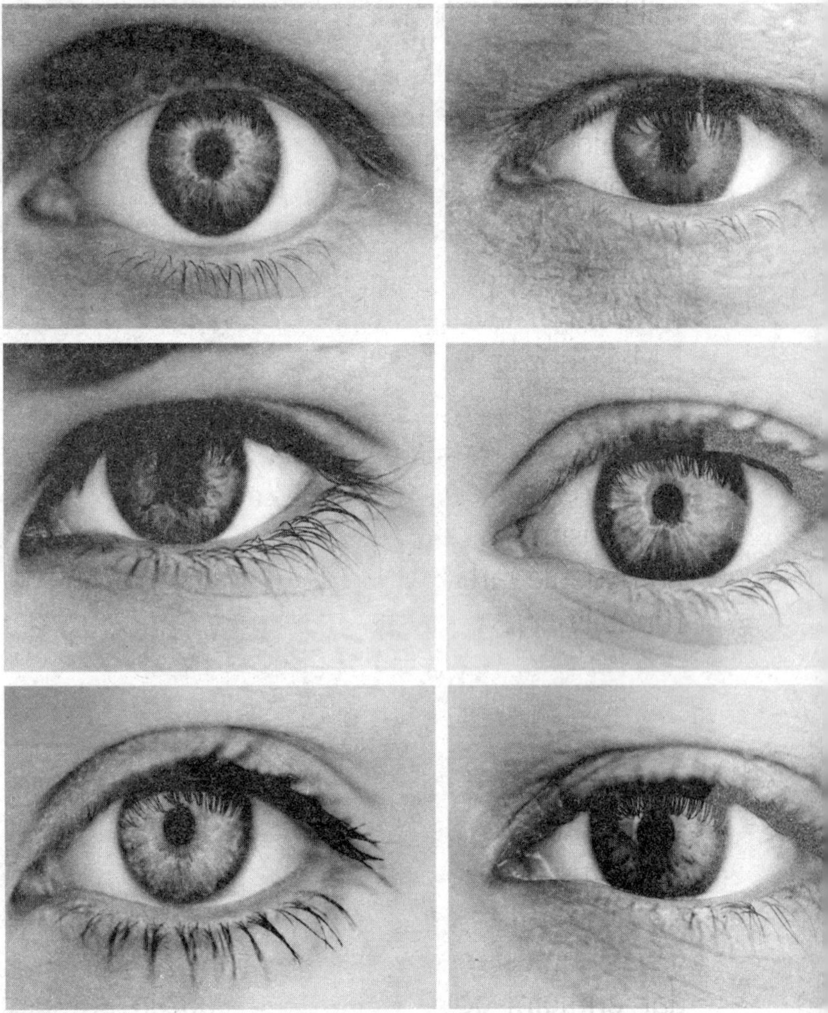

rol oynar. Göz rengi irisin ön katmanlarındaki melanin miktarı ve kalitesi ile doğrudan ilgilidir. Kahverengi gözlü insanların irislerinde büyük mıktarda melanin varken, mavi gözlü insanlarda bu pigmentler daha azdır. Ve bu iki rengin arasında da birçok göz rengi tonu vardır.

Yenidoğan bebeklerin gözlerinde melanin yoktur, bu nedenle hayata mavi veya neredeyse renksiz gözlerle başlarlar. Melanin kademeli olarak artar ve yaklaşık üç yaşındayken gözleri gerçek renklerine kavuşur.

Mavi gözler renklerini gelen ve geri yansıtılan ışıktan aldıklarından, aydınlatma şartlarına bağlı olarak gerçekten farklı renkler olarak görünebilirler. Yeşil ve ela gözler değişik pigment renginin bir karışımıdır, dağınık ışıktan gelen rengi alırlar, bu nedenle farklı aydınlatma şartlarında farklı görünebilirler.

## Avucunuzda bir metali eritebilir misiniz?

Avucunuza aldığınız katı bir galyum kristaline elinizle bastırırsanız vücut ısınızın galyumu yavaş yavaş gümüşi metalik bir sıvı hâline gelinceye kadar erittiğini görürsünüz. Avucunuzda erittiğiniz galyumu tekrar soğuk bir çanak içine dökerseniz tekrar katılaşır. Çünkü galyumun erime noktası 29,76 °C'dir.

## Beyaz altın neden beyazdır?

Saf altın takılarda kullanım için çok çok yumuşaktır ve hatta sadece üzerine sert tırnağınızı basarak çizilmesine sebep olabilirsiniz. Bu yüzden altın, başka tür metal veya metallerle karıştırılarak alaşım oluşturulmak suretiyle daha dayanıklı hâle getirilmiş altındır. Eğer beyaz altın oluşturulmak isteniyorsa, kuyumcu genel olarak gümüş, paladyum, manganez ve nikel gibi metallerden kendine en ucuza mal olanını alaşımda kullanılmak üzere seçer. Aslında alaşımda hangi metaller kullanılırsa kullanılsın altın renginde az da olsa sarılık kalır. Günümüzde ışıl ışıl parlayan gümüşi renkteki altınlar genellikle altın alaşımlarının üzerine beyazlığı arttırmak için platin kökenli sert ve beyaz bir metal olan rodyum ile kaplanmasıyla oluşur.

## Kediler neden etrafa sürtünmekten hoşlanır?

Çoğu insan kedilerin bunu yapmalarındaki amaçlarının sevgi gösterisi olduğu zannederler. Fakat bilindiği gibi değildir. Sadece kedilere özgü olan gizli bir okşanma hissi vardır. Yüzlerindeki bezeler ile de etrafa gizli bir koku bırakırlar. Bu-

nun nedeni diğer kediler kokuyu duydukları yerin kendisine ait olduğunu anlamaları içindir. Kediler doğaları gereği hemcinslerine ve şefkate fazla ihtiyacı olmayan yalnız hayvanlardır. Köpeklerse kedilerin tam tersine hemcinslerine ve şefkate fazlasıyla ihtiyacı vardır. Köpekler vahşi doğada organize olabilen ve hiyerarşik yapıya uyum sağlayabilen hayvanlardır. Bu sosyallik ihtiyacı köpeklerin daha arkadaş canlısı daha şefkatli ve daha sadık hayvanlar olmalarını sağlamıştır.

## Soğan neden göz yaşartır?

Soğan, mikroplar ve böceklere karşı biyokimyasal savunma mekanizması harekete geçirerek bir enzim salgılar. Bu enzimler, soğandaki sülfidleri parçalayarak sülfür oksite dönüştürür. Sülfür oksit kısa sürede uçucu bir hâl alır ve havada hızla yayılan bu gaz, göze ulaştığında da yakıcı bir aside evrilir. Bunun sonucunda da göz kanalları tıkanır. Ancak uzmanlara göre, soğan doğrarken, gözlerin yaşarmasına doğrudan bu kimyasal bileşim neden olmaz. Gazın gözyaşıyla tepkimeye girmesi sonucu sülfürik asit oluşur. Sülfürik asitin gözü tahriş etmesi sonucunda göz, yabancı maddeleri temizleyebilmek için gözyaşı salgılar.

## Sarımsak niçin kötü kokar?

Sarımsak yedikten sonra dişlerinizi fırçalasanız bile kokusu uzun süre devam eder. Sarımsak ezildiğinde ya da kesildiğinde enzimler, sarımsakta bulunan allicin bileşiğinin parçalanmasına ve allicin bileşiğinin oluşmasına sebep olur. Allicin sarımsağa aromasını veren bileşiktir. Daha sonra allicin bileşiği de parçalanır ve sonuçta dört farklı organosülfür bileşiği (kükürt içeren organik bileşikler) oluşur. Bu bileşikler sarımsak yedikten son-

ra nefesimizde oluşan kötü kokunun sebebidir. Bu bileşiklerden biri vücutta diğerlerine göre daha yavaş parçalanır. Bu nedenle sindirim sistemin-de emilerek kana ve boşaltım sistemine yardımcı organlara, örneğin böbreklere, akciğere, deriye geçer. Terleme, idrar ve nefes yoluyla vücuttan atılır. Sebep olduğu kötü koku etkisi 24 saat sürebilir.

## Süt neden beyazdır?

İnek, 4 odalı midesi ve geviş getirme yeteneği sayesinde yediği şeyleri moleküllerine kadar parçalayabilir. Moleküllerin ise herhangi bir rengi yoktur. Bir araya geldiklerinde oluşturdukları rengi de diğer mineraller ve renk pigmentleri verir. Sütün beyaz olma nedeniyse, kalsiyum mineralinin beyaz olmasıdır. Çünkü süt, yüksek kalsiyum içerir.

## Bir ağaç en fazla ne kadar büyüyebilir?

Dünyanın en uzun ağaçları sahil sekoyalarıdır; bu ağaçlar sıklıkla 90 metre uzunluğa ulaşabilir. Bir ağacın yüksekliğini belirleyen değişkenler arasında en önemli paya sahip olan etken ışıktır, bunun yanı sıra besin kaynaklarının ve suyun bol olduğu yerlerde yetişen ağaçlar daha verimli bir şekilde büyür. Ancak bir ağacın erişebileceği en büyük yüksekliği neyin belirlediği tam olarak bilinmemektedir. Şu an geçerli olan kuram ise daha uzun ağaçlarda suyun taşınmasının zorlaşmasıyla yapraktaki fotosentezin azalması üzerine temellendirilir. Bir ağaç uzadıkça kütle çekimi nedeniyle yapraktaki suyun oluşturduğu gerilim artar. Ayrıca toprak yeterince nemli olsa bile suyun yapraklara ulaşması için aşması gereken mesafenin artması, yaprağın büyümesini ve fotosentez

hızını sınırlandırabilir. Şu an geçerli olan model kullanılarak yapılan hesaplamalara göre mekanik yıpranma göz ardı edilirse, bir ağacın ulaşabileceği en yüksek boy 122-130 metre civarındadır.

## Korkudan öd patlar mı?

Hepimiz 'korkudan ödü patlamayı' biliriz. Bildiğiniz gibi öd, safra demektir. Peki, gerçekten insanın korkudan ödü patlar mı? Üzüntünün safra salınımını artırdığı söylense de, öd kesesini patlatmaz. Sadece safra değil, korkudan hiçbir organ patlamaz...

## Hayvanlarda da kan grupları var mıdır?

İnsan kanları, kırmızı kan hücrelerinin yüzeyinde çeşitli maddelerin bulunup bulunmamasına göre gruplandırılır ve bugüne kadar tanımlanmış 35 ayrı kan grubu sistemi vardır. Bu sistemlerin en önemlisi ABO gruplandırmasıdır. Kan grubu kalıtsal bir özelliktir ve hem anneden hem de babadan gelen genler tarafından belirlenir.

İnsanlardan başka canlılarda da kan grupları vardır. Örneğin; köpeklerde 13, kedilerde 3, atlardaysa 8 ayrı kan grubu tanımlanmıştır. İnsanlardaki A, B, AB, O kan gruplarına başka canlılarda da rastlanır. Örneğin maymunların, gorillerin ve kemirgenlerin kanları da ABO sistemi ile gruplandırılır.

## Yumurtalar neden farklı renktedir?

Bazı tavuklar beyaz bazılar ise kahverengi yumurtlar. Kabuktaki beyaz rengin, yumurtanın ideal oluşumunu tamamladığını gösterdiğini, bunun dışında bir renk değişiminin kalitede düşüş anlamına geldiğini iddia edenlerin yanı sıra kabuğun

rengi ne kadar koyu ise besin açısından da o kadar değerli olduğunu ileri sürenler de var. Genellikle Avrupa ülkelerinde kahverengi yumurtalar makbul sayılırken ABD'de durum tam tersidir. Oysa her iki görüş de yanlıştır. Besin değeri, lezzet ve pişme karakteristikleri bakımından her iki renk yumurtanın da içi aynı değerdedir. Her iki yumurtada da aynı miktarda protein, mineral ve vitaminler (C vitamini hariç) vardır.

Tabiatta yaşayan hayvanların yumurtalarını renkli veya koyu renkte hatta gölgeli ve çizgili şekilde yumurtlamalarının ana nedeni, bu yumurtaları yemek isteyen düşmanlarına karşı kamuflaj yaparak neslin devamını sağlamaktır. Yumurtaların kabuklarının renklerini, tavuğun kökenine, atalarının yaşadığı yerlere bağlayanlar da var. Bu görüşe göre Asya kökenli tavukların yumurtaları kahverengi, Akdeniz kıyıları kökenlilerin ise beyaz olur.

## Tuz, yiyeceklerin çürümesini nasıl önler?

Tuzun hangi yapısında kullanıldığının bir önemi olmaksızın bu mineral, yalnızca yiyeceği saklamamıza yaramaz, ayrıca gıda zehirlenmesine yol açan ve tifoya sebebiyet veren salmonella gibi gıda kaynaklı patojenler de dâhil olmak üzere, bakterilerin üremesini önler. Esas itibarıyla yiyeceğin etrafında bulunan tuz, su moleküllerini yiyeceğin içerisinden çıkararak yerine içerideki ve dışarıdaki tuz moleküllerinin sayısı eşit olana kadar tuz ile doldurur. Ürün su aktivitesini 0,91 aw seviyesine düşürmek, bakteri üremesini engellemek için gereklidir; bazı yiyecekler için bu rakam 0,94 aw de olabilir.

## Soğukta burnumuz neden akar?

Soğuk ve kuru hava burnumuzdaki sinir hücrelerini uyarır ve sinir hücrelerimiz beynimize mesaj gönderir. Beynimiz buradaki kan akışını artırır, böylece kan damarları sayesinde burnumuzdan geçen hava ısınır, ılık hâle gelir. İkinci olarak burnumuz içeri giren havayı nemlendirmek için mukus bezleri yoluyla daha fazla salgı üretmek zorunda kalır. Soğuk ve kuru hava ayrıca burnumuzdaki bağışıklık sistemi hücrelerini de uyarır.

Bu hücreler havayı daha nemli hâle getirmek için burnumuzda daha fazla sıvı üretir. Burnumuz, bu işlevi yerine getirebilmek için günde yaklaşık 300-400 ml kadar sıvı harcar. Burun boşluğundaki hava ısıtıldığı zaman içerideki sıvı buharlaşır böylece su buharlaştığı için burnumuz üşümeye

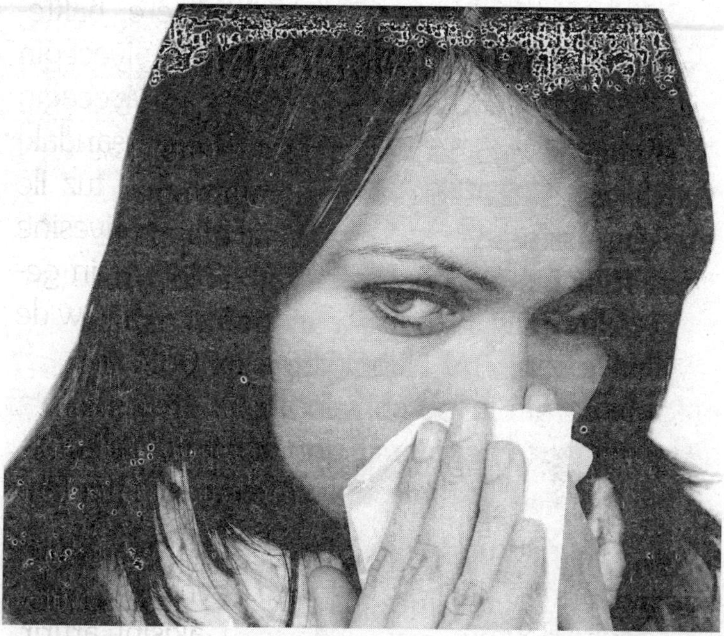

başlar. Hâl böyle olunca da burnumuzdaki kan akışı daha da artar çünkü solunan havayı ısıtma görevi burnun ısı kaybına göre daha önceliklidir. Vücudumuzun bu duruma karşı görevi, kanı kan damarlarına pompalayarak ısı kaybını en aza indirmektir.

Bu nedenle burun için doğru miktarda ılık ve nemli hava elde etmek zor bir dengeleme eylemi hâline gelir. Bu mekanizma aşırı aktif olduğunda, kuru ve soğuk havayı nemlendirmek için gereken sıcaklıkla buharlaşan su burnumuzdan damlamaya başlayacaktır.

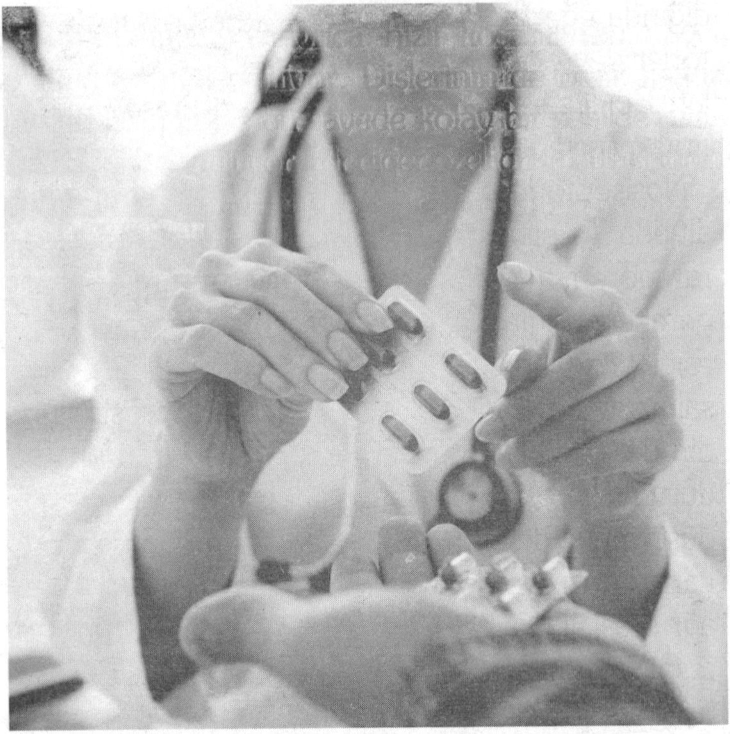

## Ağrı kesiciler, ağrının nerede oluştuğunu nasıl bulur?

Ağrılar çoğunlukla vücut hücrelerinin zarar görmesiyle oluşuyor. Bu durumda o bölgedeki sinir hücreleri, ağrıya tepki gösterecek olan reseptörleri uyarıyor. Bu reseptörler omurilik ve deri arasında, kaslarda, bazı iç organlarda ve dişlerimizde mevcuttur. Bir şeyler vücuda zarar vermeye başladığında eğer hücreler de zarar görüyorsa, reseptörler devreye girer, beyne elektrik mesajları yollar. Böylece acı oluşmaya başlar. Bu reseptörlere tıpta nosiseptör adı verilir.

Nosiseptörler, hücreler yüksek oranda tehdit altında kaldığında çalışmaya başlar. Çünkü zarar gören hücreler, duyusal alıcılarımızı, olması gereken eşiğin üstüne çıkarır. Nosiseptörler, bu eşiği tekrar düşürmek için bir takım kimyasallar salgılanmasını sağlar. Ağrı kesiciler, prostaglandin denilen bir kimyasalın üretimini durdurur. Bu durumda nosiseptörler ağrıyı azaltmak için eşiği düşürmeye devam eder. Engellenen bu kimyasal, kana karışır ve tüm vücuda taşınır. Sonuç olarak ağrı kesiciler acının kaynağının neresi olduğunu tespit etmez. Vücudumuzda her yere yayılır ve zarar gören hücrelere ulaşarak acının bloke edilmesini sağlar.

## Parmak izi gibi ayak izi de bize özel midir?

Parmak izleri üç kalıptan oluşurlar; kavisler, döngüler ve sarmallar. Onlara baktığımızda gördüğümüz karmaşık desenler ise bu üçünün birleşimi ile meydana gelir.

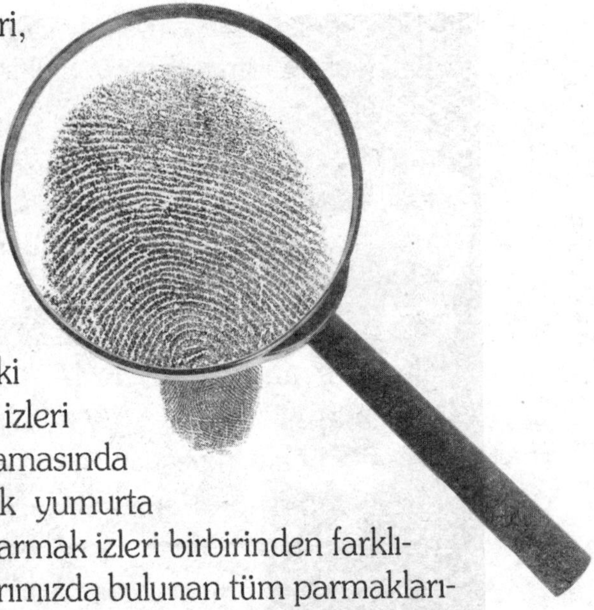

Parmak izleri, anne karnında, fetüs aşamasında oluşur. Bebeğin sarmalandığı sıvının içeriği ve inceliği ya da anne karnındaki hareketler bu izleri daha oluşum aşamasında farklılaştırır. Tek yumurta ikizlerinin bile parmak izleri birbirinden farklıdır. El ve ayaklarımızda bulunan tüm parmaklarımızın izleri sadece bize özel ve bir eşi daha yoktur. Yani elimizin baş parmağında olduğu gibi, ayak parmaklarındaki izler de benzersizdir.

## Sigara nasıl bağımlılık yapar?

Sigara dumanı 4.000'in üzerinde zehirli ve tahriş edici kimyasal madde içerir. Bu kadar kimyasal içinde bağımlılık yapan sadece nikotindir. Ancak nikotinin oluşturduğu bağımlılık yüzünden, zamanla diğer kimyasallar da vücutta tutunmaya başlar. Bunlar arasında bulunan asitler, alkol aldehitler, ketonlar, siyanür, karbonmonoksit gibi maddeler

doğrudan zehir etkisi gösterir. Nikotin, duman içeri çekildikten 1-2 saniye sonra hemen beyne ulaşır. Burada, diğer tüm uyarıcı ve uyuşturucu maddelerin etkilediği birimi uyarır. Böylece bazı hormonların üretilmesini sağlar. Sonuçta bu tür hormonların üretimi de zevk, sakinleşme, gevşeme, konsantrasyon artışı gibi duygusal ve fiziksel etkiler oluşturur. Her uyuşturucu maddede olduğu gibi, başlangıçta ödül gibi gelen bu değişimlerin oluşmaya devam etmesi için, her seferinde daha fazla nikotine ihtiyaç duyulur. Çünkü yoğun etkisi git gide azalır. Böylece içilen sigaranın miktarı arttırılmak zorunda kalınır. Bu şekilde bağımlılık gelişmiş olur.

## Burun kılları ne işe yarıyor?

Burun kılları klimanın hava filtresine benzer. Burun kılları kiri, tozu, virüsleri, bakterileri ve toksinleri ta ki biz hapşırana, yutkunana ya da burnumuzu sümkürene kadar hapseder. Burun kıllarının yoğunluğu bir avantaj olabilir. Burun kılları seyrek olan hastaların astıma yakalanma oranı, burun kılları sık olanlara göre üç kat fazladır. Bu yüzden burun kıllarını koparmak tavsiye edilmez.

## Kuşlar neden ıslanmaz?

Kuşların vücudunda bulunan tek deri bezi olan "Uropygial" anal bezdir. Kuyruk kısmında bulunan bu küçük bez, holokrinal biçimde yağlı bir sıvı salgılar. Kuş, bu yağlı sıvıyı gagasıyla alır ve başta tüyleri olmak üzere vücudunun her yerine sürülmesini sağlar. Uropygial bezden salgılanan bu yoğun yağ içerikli sıvı, tüylerin su geçirmez olmasını sağlayarak bir nevi su yalıtımı yapmış olur.

Bu bez, sürekli su ile temas hâlinde olmaları sebebi ile su kuşlarında daha gelişmiş hâlde gözlemlenir. Sonuç olarak, uropygial bezden salgılanan yoğun sıvı sayesinde kuşların tüyleri hep kuru kalır. Bu da onların yağmurlu havalarda da uçabilmesini sağlar.

## Böcekler en fazla ne kadar yüksekte uçabilir?

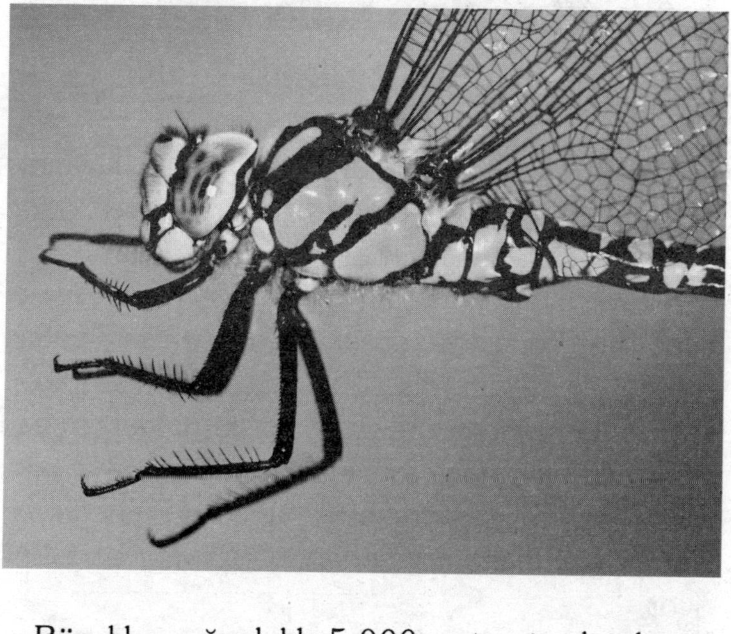

Böcekler çoğunlukla 5.000 metrenin altında yaşar. 6.000 metre yükseklikte yakalanan bazı uçan böcek türleri var. Ancak bu canlıların yukarı yönlü rüzgârların etkisiyle geçici olarak bu irtifalarda bulunduğu tahmin edilir. Yüksek irtifalarda havanın yoğunluğunun, oksijen miktarının ve sıcaklığın düşük olması böceklerin uçuş yüksekliğini sınırlandıran temel etkendir. Örneğin; havanın yoğunluğunun azalması kanatların hareketi sonucu oluşan kaldırma kuvvetinin belirgin şekilde azalmasına neden olur.

## Yürürken kollarımızı neden sallarız?

Yürürken kolları sallamak bir nevi enerji kaybını önler. Yürüyüş esnasında kolların sallanmasının sebebinin, bacakların hareketi nedeniyle vücudun üst bölümünde ortaya çıkan dönme etkisinin dengelenmesi olduğu düşünülüyor. Ancak bu etki sadece sağ ayağın sol kolla, sol ayağın da sağ kolla uyumlu şekilde hareket ettiği durumda ortaya çıkıyor. Araştırmalar sağ ayak ile sağ kol, sol ayak ile sol kol birlikte hareket ettiğinde normal yürüyüşten %26 daha fazla enerji harcandığını gösteriyor.

## Papağanlar nasıl konuşur?

Papağanlarda insanlar gibi ses telleri bulunmaz, bunun yerine sesleri özel bir organla yani östaki borusuyla çıkarırlar. Kuşlarda östaki borusu soluk borusu ve bronşlardan oluşan alt gırtlak biçimindedir ve rezonans gövdesi görevini görür. Bronşlardan gelen hava soluk borusu

üzerinden gırtlağa gelir. Bu şekilde rezonans gövdesinin ince diyaframı titreşerek sesleri üretir. Bu mekanizma insandaki ses tellerine benzer, fakat kuşun konuşmasında dilin de önemli bir rolü vardır. Kuşlar dillerinin pozisyonunu bir milimetreden bile daha az değiştirerek farklı sesler çıkarabilirler. Bu şekilde ortaya çıkan varyasyonlar bizim dilimizdeki A ve O kadar farklıdır. Doğada yaşayan papağanlar, hatta kargalar bile hem cinslerinin seslerini taklit ederler.

Papağanlar aslında konuşmazlar, sadece konuşmaya benzeyen sesleri taklit ederler. Bu da, konuşma yeteneğinden değil, taklit yeteneğinden gelir. Papağanların diğer kuşlardan farkı, beyinlerinde tekrar ederek öğrenmeyi sağlayan bir merkez olmasıdır. Bu merkez içerisinde bulunan özel yapılar bilim adamları tarafından "kabuklar" ya da "dış halkalar" olarak adlandırılır. Bu özel yapılar, taklit yeteneği iyi olan papağan cinslerinde daha büyüktür.

## Mars'a gitmek ne kadar sürer?

Her iki yılda bir, Mars ve Dünya en yakın noktalarına ulaşırlar, buna "karşı konum" denilir. Bu olduğunda Mars, Dünya'ya 55.000.000 km kadar yakın olabilir. Dünya'dan Mars'a olan toplam yolculuğun zamanı, fırlatmanın hızına, Dünya ve Mars'ın hizalanışına ve uzay aracının hedefine ulaşması için gereken yolcuğun zamanına dayanarak, 150-300 gün arasında değişir. Dünya'dan Mars'a olan seyahati tamamlamayı başaran ilk mekik NASA'nın Mariner 4'üydü. Mekik, 28 Kasım 1964 tarihinde fırlatılmıştı ve Mars'a 14 Haziran 1965 tarihinde başarılı bir şekilde, 21 fotoğraf çekerek ulaşmıştı. Mariner 4'ün toplam uçuş zamanı 228 gündü.

Mars'a olan bir sonraki başarılı görev Mariner 6'nındi; 25 Şubat 1969'da fırlatılan mekik, gezegene 1969'un 31 Haziran'ında ulaştı. Uçuş zamanı yalnızca 156 gün sürdü. Bu yolculuğu,

Mariner 7 de başarılı bir şekilde bitirmiş ve bunun için sadece 131 güne ihtiyaç duymuştu.

Mars etrafında ilk kez başarılı bir yörünge dönüşüne giden Mariner 9, 1971'in 30 Mayıs'ında fırlatılmış ve 13 Kasım 1971 tarihinde 167 günlük bir sürecin sonunda yörüngeye varmıştı.

## Gözle görülebilecek toplam kaç yıldız vardır?

Ay'ın olmadığı bir gecede 3.000 yıldız çıplak gözle görülebilir. Ayrıca küçük bir teleskop yardımı ile 100.000 yıldız görebilirsiniz. Tabii görecekleriniz mevcut yıldızların pek azıdır. Astronomlar gözlemlenebilir evrende her gün 275 milyon yıldızın doğduğunu ve öldüğünü düşünmektedir. Galaksimizin 400 milyar yıldıza ev sahipliği yaptığı düşünülmektedir. Güneşimizin, galaksimizdeki milyarlarca yıldızdan sadece birisi olduğunu da unutmamak gerekir.

Gözlemlenebilir evren 170 milyardan fazla galaksiye ev sahipliği yapar. Günümüz teknolojisi ile elde edilen veriler 170 milyardan fazla galaksi olduğunu gösterir. Bildiklerimizin yanında evren hakkında merak edilenler daha fazladır. Evrenin gizemlerini ortaya çıkarmak için tüm teknolojik

imkânlar kullanılmaktadır. Ancak kullanılan uzay teleskoplarının kapasitesi oldukça sınırlıdır. Sonuç itibarıyla bildiklerimiz sonsuz evren içinde denizde damla gibidir.

## Heyecanlandığımızda neden titreriz?

Heyecanlandığımızda ya da kaygılandığımızda beynimizdeki amigdala bölgesi, tıpkı bir tehlike ile karşılaştığımızdakine benzer şekilde, stres-heyecan sistemi olarak da bilinen sempatik sinir sistemini etkinleştirir ve adrenalin salgılamaya başlar. Adrenalin salgılandığında vücutta kalp atım hızının artması, hızlı soluk alıp verme, terleme, titreme, el ve ayaklarda karıncalanma hissi gibi belirtiler ortaya çıkar. Bir topluluk önünde konuşurken zorlanmak (sosyal kaygı bozukluğu olarak tanımlanır) bu tür durumların en bilindik örneğidir.

## Dinozorlar dünyanın hangi bölgelerinde yaşadılar?

Bilimsel araştırmalar dinozorların tarih öncesi, dünyanın her kıtasında yaşadıklarını gösteriyor. Son olarak Antarktika'da zırhlı bir "Ankylosaurus"a ait fosil ve bir "Drnithopood" iskeletinin bir bölümü ortaya çıkarıldı. Alaska'da elde edilen dinozor fosilleriyle birlikte, onların Kuzey Kutbu enlemlerinde de yaşadıkları kanıtlandı. Ne var ki, dinozorların büyük bir bölümü soğuk ve kış olan

bu kutup bölgelerinde bütün bir yılı geçirdikleri söylenemez. Daha mantıklı bir açıklama, yaz aylarında düşmanları tarafından kovalanan otobur dinozorların bazılarının kuzeye, Batı Kanada'ya doğru giderek, taze yiyecek aramış olmalıydı.

Orta Asya'daki Gobi Çöl'ü de dinozorlara ait pek çok kalıntı sağlayan bölgelerin başında geliyor. Buradaki ilk veriler, 1920 yılında ortaya çıkarılan "Protoceratops" cinsi dinozorlardan elde edildi. Çinli ve Kanadalı fosil uzmanları, 4 yıl süren uzun kazılardan sonra birçok fosile rastladılar. Tüm bu çalışmalar gösteriyor ki, dinozorlar en azından uzunca bir dönem gezegenimizin tüm kıtalarına yayılmış ve yeryüzünün mutlak hâkimi olmuşlardı.

## Karıncalar kendi ağırlıklarının kat kat fazlasını nasıl taşır?

Karıncaların taşıdıkları yükler bazen kendi boyutlarına kıyasla çok büyük bir yiyecek parçası ya da başka bir nesne olabilir. Yapılan farklı araştırmalar karıncaların kendi vücut ağırlıklarının 50 katını bile taşıyabildiklerini gösteriyor. Peki, karıncalar nasıl bu kadar kuvvetli olabiliyor?

Karıncaların kendi ağırlıklarının katlarca fazlasını taşıyabilmelerinin başlıca sebebi çok "hafif"

canlılar olmalarıdır. Bu sayede kas güçlerinin büyük kısmını yükleri taşımak için kullanabilirler. Fakat büyük canlılarda, örneğin insanlarda, vücut ağırlığı fazla olduğundan kaslar vücudun iskelet sistemini de desteklemek zorundadır. Bu nedenle fazla yük taşıyamayız.

## Kâğıt kesikleri neden canımızı yakar?

Parmak uçlarımızdaki özelleşmiş sinir hücreleri bu acının temel sebebi. Nosiseptör olarak isimlendirilen bu sinir hücreleri vücudumuzun maruz kaldığı muhtemel tehlikelere (örneğin yüksek ısıya, tehlikeli kimyasal maddelere ve basınç değişimlerine) karşı beyni uyarır. Parmak uçları nosiseptörler bakımından vücudumuzun en zengin bölgelerinden biridir. Dolayısıyla bu bölgede oluşan kesik küçük de olsa, sinir hücrelerinin sayısı fazla olduğu için, acı derinden hissedilir.

Kâğıdın yapısı da bu acı ile ilintilidir. Kâğıdın kenarları aslında göründüğü gibi pürüzsüz değildir. Bu yüzden kâğıt küçücük bir testere gibi cildin kesilmesine neden olur.

Kâğıt kesikleri çok derin olmadığından kesilen bölgede kanın pıhtılaşarak yaranın onarılmasını sağlayan mekanizmalar gerçekleşmez. Bu da kâğıt kesiği nedeni ile zarar gören sinir uçlarının açıkta kalması anlamına gelir. Dolayısıyla kâğıt kesiğinin neden olduğu yara cilt kendini yenileyinceye kadar iyileşemez.

## Filler birbirleriyle nasıl haberleşir?

Bir filin hortumu ile çıkardığı ses başka bir fil tarafından 8 km öteden bile duyulabilir. Ayrıca fillerin genizlerine açılan özel bir organ yardımı ile çıkardıkları, insanın duyamayacağı kadar düşük frekanslı sesler 18 km'ye kadar diğer filler tarafından işitilebilir.

Fillerin çok daha uzak mesafelerdeki akrabaları ile anlaşmalarını sağlayan şey üzerinde yürüdükleri yerin ta kendisidir. Sesin iletildiği ortamın yoğunluğu arttıkça, ses titreşimlerinin daha hızlı ve daha uzun mesafelere ulaşması fillerin çok daha uzak mesafedeki akrabaları ile iletişim kurmalarını sağlar. Örneğin; 80 kiloluk bir insanın yerde sıçraması toprak aracılığı ile yaklaşık olarak 1,5 km öteye iletilebilir. Bu harekete sebep olan ağırlık arttıkça sesin ulaştığı mesafe de artır. Bu şekilde 3 tonluk bir filin ayağını yere vurması ile oluşan titreşimler yaklaşık olarak 36 km öteden duyulabilir.

Buna ek olarak fillerin ön ayak tabanlarında bulunan yağ kesecikleri bu titreşimleri algılamalarını da kolaylaştırıyor. Ön ayaklardan alınan bu titreşimler, bacak ve omuz kemikleri ile fillerin kulaklarına iletiliyor.

## Bitkiler havayı nasıl temizler?

Bitkiler çevreyi temizlediği gibi atmosferi de temizler. Bitkiler yağışla toprağa düşen ve toprak tarafından emilen yağmur veya kar sularını kendi ihtiyaçları için kullanmak üzere kökleri vasıtasıyla bünyelerine çekerler. Daha sonra ağaçların yapraklarından muazzam miktardaki su, terleme yoluyla buharlaşır ve atmosfere tekrar geri döner.

Böylece su, toprağın derinliklerinde yok olmadan yeryüzünde sürekli bir devir yapar. Bu şekilde atmosferin mevcut su miktarı değişmez. Atmosfere çeşitli kirleticiler tarafından yayılan kükürt dioksit ve azot dioksit gazları çeşitli kimyasal dönüşümlerden geçtikten sonra bulutlardaki su damlacıkları tarafından emilir. Daha sonra bu damlacıklar yeryüzüne yağmur, kar gibi yollarla düşerek tekrar toprağa karışırlar. Ancak bu işlem sırasında hava da temizlenmiş olur. Yağmur yağdıktan sonra havanın tertemiz ve taptaze kokmasının nedeni de işte budur.